NICOLE JUST | FOTOS: RENÉ RIIS

LA VEGANISTA

ISS DICH GLÜCKLICH MIT

SUPER FOODS

REZEPTE: NICOLE JUST
FOTOS: RENÉ RIIS

LA VEGANISTA
ISS DICH GLÜCKLICH

LIEBE LESERINNEN, LIEBE LESER,

herzlich willkommen im dritten Band der Veganista-Kochbuchreihe. In diesem Kochbuch geht es um Glück! Ich denke oft darüber nach, was Glück eigentlich ist, wie ich es in meinem Leben halten kann und wie man eigentlich richtig glücklich wird. Sicher, Glück ist etwas sehr Subjektives, und jeder versteht unter diesem Begriff etwas anderes. Aber egal, was Sie zum brauchen, um sich rundum glücklich zu fühlen: Wahrscheinlich können wir uns darauf einigen, dass körperliches Wohlbefinden sehr zum Glücklichsein beitragen kann. Essen spielt da eine wichtige Rolle und kann das Wohlbefinden deutlich steigern.

Wir vergessen im Alltag oft, dass Essen nicht nur Nahrungsaufnahme ist, sondern zelebriert werden muss! Beim Essen treffen wir täglich Entscheidungen für oder gegen unser Wohlbefinden. Viel Fett, Industriezucker und öfter mal ein Fertigprodukt aus dem Supermarkt sind der sichere Schlüssel zur langfristigen Unzufriedenheit und rauben uns auf lange Sicht mehr Energie, als sie liefern. Leistungsfähigkeit und Wohlbefinden ade! Andererseits: gesund essen und dann auch noch vegan? Das wird oft auch als langweilig angesehen oder in die Diätecke gedrängt. Ich persönlich liebe es zu schlemmen, ich liebe Essen generell, und es darf – nein muss! – auch mal fettig, deftig oder süß sein.

Die Frage ist: Wie trifft man beim Essen die besseren Entscheidungen und ernährt sich dennoch abwechslungsreich und mit vollem Genuss? Und wie schafft man es, das alles dann noch mit Familie und/oder Job zu realisieren? Ich habe die Antwort darauf in meiner Küche gesucht und so Stück für Stück meinen eigenen Weg zur Glücksküche gefunden, den ich in diesem Buch mit Ihnen teilen möchte. Im Zentrum dieser Küche stehen Superfoods. Und damit meine ich nicht diese teuren Pülverchen aus dem Onlineshop, sondern Obst und Gemüse mit »Superpower«. Zutaten also, die schon Oma in ihrem Garten angebaut hat.

Einen anderen Kniff habe ich mir ebenfalls von meiner Oma abgeschaut: Bei ihr gab es nur, was gerade Saison hat. Eigentlich selbstverständlich, allerdings gibt es Erdbeeren mittlerweile auch im Dezember zu kaufen, und wir entfernen uns Stück für Stück vom Kreislauf der Natur. Mit diesem Buch möchte ich Ihnen Anregungen geben, heimische und nicht heimische Lebensmittel saisonal zu kombinieren, sich mit Spaß und Genuss zu ernähren und dabei sogar auf Industriezucker, stark verarbeitete Lebensmittel und Weißmehl zu verzichten. Das ist nicht nur gesund, sondern obendrein auch alltagstauglich, denn die meisten Zutaten für meine »Glücksküche mit Superfoods« finden Sie im gut sortierten Supermarkt und im Bioladen.

Ich wünsche Ihnen viel Spaß beim Entdecken und Schlemmen!

Ihre Nicole Just

SERVICE

- 5 Vorwort
- 12 Omas Superfoods
- 14 Fermentiertes im Trend
- 16 Grundrezepte: Nusssahne
- 18 Grundrezept: Apfelsüße
- 19 Grundrezept: Dattelpaste
- 186 Glossar: Zutaten* der veganen Küche
- 188 Register
- 192 Impressum

* Im Glossar sind alle Zutaten erklärt, die in den Zutatenlisten der Rezepte mit einem Sternchen gekennzeichnet sind.

DIE GU-QUALITÄTS-GARANTIE

Wir möchten Ihnen mit den Informationen und Anregungen in diesem Buch das Leben erleichtern und Sie inspirieren, Neues auszuprobieren. Bei jedem unserer Bücher achten wir auf Aktualität und stellen höchste Ansprüche an Inhalt, Optik und Ausstattung. Alle Rezepte und Informationen werden von unseren Autoren gewissenhaft erstellt und von unseren Redakteuren sorgfältig ausgewählt und mehrfach geprüft. Deshalb bieten wir Ihnen eine 100 %ige Qualitätsgarantie.

Darauf können Sie sich verlassen:
Wir legen Wert darauf, dass unsere Kochbücher zuverlässig und inspirierend zugleich sind.
Wir garantieren:
- dreifach getestete Rezepte
- sicheres Gelingen durch Schritt-für-Schritt-Anleitungen und viele nützliche Tipps
- eine authentische Rezept-Fotografie

Wir möchten für Sie immer besser werden:
Sollten wir mit diesem Buch Ihre Erwartungen nicht erfüllen, lassen Sie es uns bitte wissen! Wir tauschen Ihr Buch jederzeit gegen ein gleichwertiges zum gleichen oder ähnlichen Thema um. Nehmen Sie einfach Kontakt zu unserem Leserservice auf. Die Kontaktdaten unseres Leserservice finden Sie am Ende dieses Buches.

GRÄFE UND UNZER VERLAG
Der erste Ratgeberverlag – seit 1722.

FRÜHSTÜCKSGLÜCK

VEGAN IN DEN TAG

Egal, ob schnell und einfach oder dekadent mit Zeitung und Kaffee – Frühstück muss sein! Darum gibt's hier alles vom Smoothie bis zum Waffelturm. Da wird jeder zum Frühstücksfan.

SEITE 23

STREETFOOD DE LUXE

SCHNELL WAS AUF DIE HAND

Superpower für unterwegs? Kein Problem! Die kleinen Snacks und Lunchpakete halten Veganistas auch tagsüber bei Laune.

SEITE 51

GLÜCKSESSEN

WIE ICH ES MAG

Veganistas kochen selbst, vor allem wenn es auch mal richtig easy und in 30 Minuten fertig sein darf! Zu etwas aufwendigeren Kochfreuden laden Tahintürmchen, selbst gemachte Kürbisgnocchi und Co. ein!

SEITE 89

SÜSS UND GLÜCKLICH

OCH, WAS KLEINES GEHT NOCH

Was wäre das Leben ohne Süßes? Glücklich doch wohl auf keinen Fall! Hier kommen die »süßen Sünden«, die eigentlich gar keine Sünden sind: alles ohne Industriezucker, dafür mit ganz viel Liebe und süßen Superfoods.

SEITE 153

SERVICE
VEGAN IN DEN TAG

KNOW-HOW FÜR VEGANE SUPERFOODISTAS

SUPERFOODS – SIND DAS NICHT EXOTISCHE
PÜLVERCHEN UND PILLEN? ABER NEIN!
ICH FINDE NÄMLICH, DIE BESTEN SUPERFOODS
KOMMEN DIREKT AUS DER NATUR. AUF
DEN NÄCHSTEN SEITEN ZEIGE ICH IHNEN,
WELCH VERBORGENEN TALENTE IN UNSEREN
LEBENSMITTELN STECKEN.

WILLKOMMEN
---- IN DER WELT DER SUPERFOODS ----

DIE GLÜCKSKÜCHE DER VEGANISTA

Wir alle treffen tagtäglich Entscheidungen beim Einkaufen, Kochen und Essen – oft, im wahrsten Sinne des Wortes, »aus dem Bauch heraus«. Wir essen, wonach uns gerade ist. Das muss kein Fehler sein, denn meist weiß unser Körper, was er gerade braucht. In hektischen Zeiten kann das aber schiefgehen, weil wir dann gern zu schnellen, leicht verfügbaren und nicht immer gesunden Energiespendern greifen. Sie lassen den Blutzuckerspiegel in die Höhe schießen und ebenso rasant wieder abfallen. Die Folge: Wir haben umgehend wieder Hunger, erneut ein Verlangen nach Ungesundem und Zuckerhaltigem – der verhängnisvolle Kreislauf beginnt von vorn. Den Ausweg aus diesem Auf und Ab des Blutzuckerspiegels bietet eine vollwertige, bunte, frische Küche mit Vollkornprodukten und natürlichen Süßungsmitteln statt Industriezucker. Einige der weitgehend naturbelassenen Grundzutaten überzeugen nicht nur durch ihren wunderbaren Geschmack: Sie bringen als sogenannte Superfoods zusätzlich »Bonusfunktionen« mit, die sich positiv auf Vitalität und Gesundheit auswirken. Und wer gesund is(s)t, ist glücklicher und ausgeglichener.

Köstliche Zutaten aus der Biokiste: Für mich jede Woche wieder ein absoluter Glücksgriff!

TEURE PÜLVERCHEN?

Sie verbinden den Begriff »Superfoods« mit exotischen und teuren Nahrungsergänzungsmitteln? Keine Sorge, für mich sind Superfoods etwas ganz anderes: frische, saisonale Gemüse- und Obstsorten wie Grünkohl, Wirsing, Rote Bete oder Blaubeeren. Schon unseren Großmüttern waren diese und viele andere heimische Früchte und Gemüse aufgrund ihrer wohltuenden oder sogar heilenden Wirkung bekannt. »Superfoods« stehen deshalb im Mittelpunkt meiner Rezepte und werden nur ab und zu mit spezielleren Produkten ergänzt.

SUPERGEMÜSE EINKAUFEN

Damit Sie die volle Bandbreite der tollen Inhaltsstoffe nutzen können, sollten Obst und Gemüse frisch und unbedingt der Saison entsprechend eingekauft werden. Damit das auch im oft hektischen Alltag gelingt, habe ich mir angewöhnt, am Beginn einer Woche zu überlegen, welche Gerichte ich kochen will. Länger haltbare Grundzutaten wie Mehle, Nussmuse oder Nüsse kaufe ich einmal im Monat ein. Die frischen Zutaten kommen dann im Laufe der Woche dazu und liegen nie länger als drei Tage im Kühlschrank. Meine »Veganista-Glücksküche« bietet etwas für jede Saison: So können Sie nicht nur erntefrisch, sondern auch sehr günstig einkaufen.

TIPPS ZUR LAGERUNG

Von Wurzelgemüse wie Sellerie oder Radieschen trenne ich direkt nach dem Einkaufen das Grün ab, so bleibt es länger frisch. Salate, Kräuter und grünes Blattgemüse brause ich nach dem Einkauf mit kaltem Wasser ab. Dann lasse ich sie kurz abtropfen und verpacke sie in

DIE SUPERFOODS-KÜCHE

SAISONALES SUPERFOOD DER LECKERSTEN ART!

Gefrierbeutel, die ich wie einen Luftballon aufpuste und fest verschließe. Selbst sehr zarte Kräuter bleiben so mehrere Tage superfrisch. Was ich nicht sofort verbrauche, lege ich auf Eis: Kräuter hacke ich fein und friere sie in Gläsern, Plastikdosen oder – gemischt mit etwas Olivenöl – als »Kräuter-Eiswürfel« zum Verfeinern von Saucen und Dips ein. Auch Wein- und Saucenreste landen in Eiswürfelförmchen und peppen bei Bedarf ruck, zuck Saucen und Suppen auf.

PRAKTISCHE ZEITSPARTIPPS

Auch eine frische Küche lebt von guter Vorbereitung – dadurch lässt sich Zeit sparen! Grundzutaten wie selbst gemachte Apfelsüße, hausgemachte Dips, Brotaufstriche und Co. bereite ich alle paar Wochen in größeren Mengen vor und friere alles portionsweise ein. Habe ich mit vielen unterschiedlichen Gemüsesorten gekocht, sammle ich die Schalen und Putzreste gleich in einem extra Topf und koche sie zu einer Brühe aus. Dieser selbst gemachte Fond wird durch ein Sieb abgegossen, die Flüssigkeit noch eingekocht und – Sie ahnen es vielleicht schon – portionsweise eingefroren. Eiswürfelförmchen eignen sich dafür hervorragend!

SCHMECKT WIE ... ODER DOCH NICHT?

Wenn Sie sich mit der veganen Küche noch nicht auseinandergesetzt haben, lassen Sie Ihren Geschmacksnerven etwas Zeit, um sich an die teilweise neuen Aromen zu gewöhnen. Gerade vegane »Milchprodukte« schmecken erst einmal völlig anders als gewohnt. Probieren Sie immer mal wieder und geben Sie den »Neulingen« eine Chance. Pflanzen- und Nussmilchsorten schmecken alle unterschiedlich. Vielleicht ist das anfangs verwirrend, doch es eröffnen sich ungeahnte Geschmackserlebnisse. Lassen Sie sich von den folgenden Rezepten inspirieren.

OMAS SUPERFOODS

SUPERFOODS SIND LEBENSMITTEL, DIE EINEN ZUSATZNUTZEN FÜR UNSERE GESUNDHEIT HABEN. WENN ES UM NEUE ENERGIE UND JEDE MENGE GLÜCKSGEFÜHLE BEIM ESSEN GEHT, KÖNNEN SIE RICHTIGE BOOSTER SEIN. TEUER UND KOMPLIZIERT IST DAS ÜBRIGENS NICHT – ES GEHT AUCH OHNE KOSTSPIELIGE EXOTISCHE PÜLVERCHEN. WERFEN WIR DOCH EINEN BLICK IN OMAS »SUPERFOOD-SCHATZTRUHE«, DENN DAS GUTE LIEGT GANZ NAH!

CHLOROPHYLL-POWER

Grün ist die Farbe, die schon immer Omas Einkaufskorb dominierte und jetzt auch in meinem hauptsächlich zu finden ist. In grünem Gemüse stecken viele Antioxidantien, Vitamine, Mineralstoffe und Chlorophyll. Letzteres ist der Stoff, der bei der Photosynthese entsteht. Er wirkt entzündungshemmend, zellschützend und soll sich sogar positiv auf den Körpergeruch und den Blutzuckerspiegel auswirken. Versuchen Sie, so oft wie möglich grünes Gemüse roh oder schonend gegart in Ihre Glücksküche einzubauen, um in den vollen Genuss der Wirkung zu kommen. Ein guter Start ist ein grüner Smoothie. Blättern Sie für leckere Rezeptideen doch mal auf die Seiten 24 und 25.

BITTER MACHT GLÜCKLICH!

Das wäre Oma gar nicht recht: Vielen Gemüsen, Salaten und Früchten werden heutzutage die Bitterstoffe weggezüchtet. Dabei sind es gerade diese in Artischocken, Chicorée, Endivien, Blumenkohl, Rucola, Grapefruits und Rosenkohl enthaltenen Stoffe, die nicht nur verdauungsanregend wirken, sondern auch für eine gesunde Darmflora, ein gestärktes Immunsystem und einen stabilen Blutzuckerspiegel sorgen. Unterstützt werden kann dieser Effekt zusätzlich durch bitterstoffhaltige Kräuter wie Fenchel, Anis, Kümmel, Rosmarin und Salbei oder durch Gewürze wie Ingwer und Kurkuma.

ALLIUM

Zwiebel, Knoblauch, Lauch – alle diese Vertreter der Gattung Lauch (Allium) haben eine Gemeinsamkeit: Sulfide. Das sind schwefelhaltige Verbindungen, die nicht nur für die berühmte Knoblauchfahne verantwortlich, sondern vor allem auch richtig gesund sind! Sulfide stabilisieren die Blutfettwerte, wirken desinfizierend, antimikrobiell und kreislaufanregend.

ACHTUNG, SCHARF!

Ich liebe Chilis! Das liegt wahrscheinlich am enthaltenen Capsaicin, das stimmungsaufhellend wirkt und somit genau richtig in meiner Glücksküche ist. Capsaicin kann aber noch mehr: Es wirkt durchblutungsfördernd, lindert Schmerzen und regt den Stoffwechsel an. Aber Vorsicht beim Verarbeiten: Der »brennende Stoff« reagiert bei Berührung mit den Schleimhäuten und hält sich lange auf der Haut. Darum beim Verarbeiten von Chilis am besten Handschuhe tragen oder danach die Hände gründlich mit Seife waschen!
Übrigens: Je kleiner die Chili, desto schärfer sind sie meistens auch. Dosieren Sie daher vorsichtig.

GUTE-LAUNE-SNACKS

Serotonin ist ein Neurotransmitter, der sich positiv auf unser Wohlbefinden auswirkt und den Appetit verringert. Ideal also gegen Heißhungerattacken und Leistungstiefs. Greifen Sie für das schnelle Glück zu Bananen, Ananas, Kiwi oder – wie Oma – zu Pflaumen. Alternativ gönnen Sie sich einfach ein Stück Zartbitterschokolade oder knuspern Sie eine oder zwei rohe Kakaobohnen. Oma knabberte übrigens gerne ein paar Walnüsse: Sie sind die absoluten Serotoninüberflieger und enthalten darüber hinaus die lebenswichtigen Omega-3- und Omega-6-Fettsäuren.

FERMENTIERTES IM TREND

FERMENTIEREN IST IN ALLER MUNDE UND IM MOMENT AUF DEM ALLERBESTEN WEG, EINER DER NÄCHSTEN GROSSEN TRENDS UNTER KOCHBEGEISTERTEN ZU WERDEN. ZU RECHT! SCHON OMA WUSSTE, DASS DAS GUTE SAUERKRAUT – EINES DER BEKANNTESTEN FERMENTIERTEN LEBENSMITTEL HIERZULANDE – WAHNSINNIG GESUND IST. ABER WARUM IST DAS SO, UND WIE UND WAS WIRD FERMENTIERT?

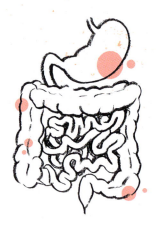

FERMENTIEREN

Fermentieren können Sie in der eigenen Küche! Fermentation ist ein chemischer Vorgang, der unter Einfluss von Enzymen die Struktur der Lebensmittel verändert – ein »Garen ohne Hitze«. Fermentierte Lebensmittel sind länger haltbar und verträglicher. Ich nutze die Milchsäuregärung, eine Variante der Fermentation. Der Restzucker der Pflanzen wird dabei in Milchsäure umgewandelt, die Vitamine bleiben weitgehend erhalten. Da die Enzyme die Nahrung bereits teilweise aufgeschlossen haben, sind die Nährstoffe »ready to go« und können sich direkt ihren Lieblingsaufgaben widmen – der Unterstützung einer gesunden Darmflora zum Beispiel. Und lecker ist das Ganze auch!

MISOPASTE

Miso entsteht durch Vergären von Sojabohnen, manchmal unter Zugabe von Gerste und Reis. In Japan kommt Miso oft schon zum Frühstück als Suppe auf den Tisch. Miso hat einen typischen Geschmack, der je nach Farbe variiert: Je dunkler die Paste, desto hervorstechender ist ihr Aroma. Ich mag die weiße und sehr milde Shiro-Misopaste am liebsten und würze damit Suppen und Eintöpfe oder verwende sie als Fermentationsstarter für meinen herzhaften Cashewfrischkäse (siehe S. 47).

TEMPEH

Dieses traditionelle indonesische Lebensmittel entsteht aus Sojabohnen, die – mit einer Pilzkultur geimpft – reifen und gären. Bei mir steht Tempeh regelmäßig auf dem Speiseplan: dünn aufgeschnitten und kurz gebraten oder glasiert, als Füllung für Aufläufe und Gemüse oder als Brotbelag – ich liebe ihn einfach! Ein Tipp zum Herantasten an diesen Geschmack: Schneiden Sie den Tempeh vor dem Braten in höchstens 1/2 cm dicke Scheiben.

KOMBUCHA UND BROTTRUNK

Kombucha klingt wie eine Yoga-Übung, ist aber ein Tee, der aus einem Pilz hergestellt wird. Sie können eine Starterkultur kaufen (Bioladen oder Internet) und daraus durch Überimpfung immer wieder neuen Kombucha herstellen. Anders als Brottrunk, der auch nicht pasteurisiert im Handel erhältlich ist und somit noch alle wichtigen Enzyme und Nährstoffe besitzt, wird Kombucha für den Handel oft haltbar gemacht, wodurch die Enzyme zerstört werden.

JOGHURT

Joghurt ist – neben Sauerkraut – das wohl bekannteste und beliebteste Ergebnis einer Fermentation. Sie können ihn ganz einfach zu Hause selbst machen: durch Zugabe von fertigen Milchsäurebakterien aus dem Handel oder, noch einfacher, mithilfe von Brottrunk oder gekauftem Joghurt. Ich benutze zur Herstellung von selbst gemachtem Joghurt einen stromlosen Joghurtbereiter (Internet). Die Fermentation funktioniert aber auch auf der warmen Heizung. Schauen Sie doch einfach mal auf den Seiten 28 und 35 vorbei.

FERMENTIERTES GEMÜSE

Ob deutsches Sauerkraut oder koreanischer Kimchi – beide entstehen durch Milchsäuregärung, sind Vitamin-C-Bomben und so einfach herzustellen, dass Sie es unbedingt einmal ausprobieren müssen. Ein Rezept für Wirsing »Kimchi Style« finden Sie auf S. 132. Ungeduldige können natürlich auch fertiges Sauerkraut kaufen. Für die beste Wirkung kaufen Sie »rohes«, also nicht pasteurisiertes Kraut, das z. B. im Bioladen in der Kühltheke angeboten wird.

NUSSSAHNE

----- GRUNDREZEPT -----

PERFEKT ZUM KOCHEN!

400 g Haselnusskerne, Mandeln, Macadamianüsse oder Cashewnusskerne
Salz
1 EL Agavendicksaft* (ersatzweise 1 EL Ahornsirup oder 1 TL Dattelpaste, siehe Rezept S. 19)

✦

AUSSERDEM
1 Passiertuch oder Feinsieb (entfällt eventuell bei Verwendung von Cashewnusskernen, siehe Tipp)

✦

FÜR 800 G NUSSSAHNE
Zubereitungszeit: 10 Min.
Einweichzeit: 4–8 Std.
Pro 100 g ca. 325 kcal, 8 g EW, 30 g F, 7 g KH

1 Die Nüsse in einer Schüssel mit 1,5 l Wasser begießen und zugedeckt 4–8 Std. einweichen. Danach das Einweichwasser abgießen und die Nüsse kalt abbrausen.

2 Die Nüsse mit 900 ml frischem Wasser in den Standmixer geben. Sehr fein pürieren, bis eine sahneähnliche, glatte Flüssigkeit entstanden ist. Die Nusssahne in ein Passiertuch geben und über einer großen Schüssel auspressen, sodass die gemahlenen Nüsse im Tuch bleiben und die Sahne in der Schüssel aufgefangen wird. Ersatzweise durch ein feines Sieb passieren.

3 Die Nusssahne mit 1 Prise Salz und Agavendicksaft verrühren und gut verschlossen im Kühlschrank aufbewahren. Die Nusssahne hält sich 2–3 Tage und kann auch portionsweise eingefroren werden.

4 Zur Herstellung von Nussmilch die Nusssahne je nach gewünschter Konzentration mit 300–500 ml kaltem Wasser verdünnen.

MEINE PRAXISTIPPS

Die Nussreste aus dem Sieb nicht wegwerfen! Auf einem Backblech verteilen und in der Sonne oder auf der Heizung trocknen. Anschließend in einem Glas oder einer Plastikbox aufbewahren und beispielsweise in köstliche Energieriegel (siehe S. 38) verwandeln. Wenn Sie einen Hochleistungsmixer besitzen und Cashewnüsse verwenden, können Sie auf das Filtern verzichten.

Noch schneller geht's mit fertigem Nussmus aus Bioladen oder Drogeriemarkt: 80 g Mandel- oder Cashewmus und 400 ml Wasser mit dem Stabmixer pürieren und mit 1 Prise Salz und dem Mark von 1 Vanilleschote würzen. Nach Belieben süßen, fertig! Wenn Sie die Mandel- oder Cashewmusmenge auf 120 g erhöhen, erhalten Sie eine Nusssahne.

VEGANE SAHNE ZUM KOCHEN LÄSST SICH GANZ LEICHT SELBST MACHEN! PUR VERFEINERT SIE SAUCEN UND SUPPEN ODER WIRD NACH LUST UND LAUNE ZUR MILCH VERDÜNNT. DAS SPART PLATZ IM KÜHLSCHRANK UND GELD.

SELBST GEMACHT SCHMECKT'S BESSER!

APFELSÜSSE
----- GRUNDREZEPT -----

ICH MAG DIE MILDE SÜSSE DER ÄPFEL GANZ BESONDERS GERN. SIE IST ZWAR NICHT SO HOCH KONZENTRIERT, DAFÜR BESONDERS FRUCHTIG UND GANZ UND GAR NATÜRLICH.

1 Die Äpfel waschen, vierteln und in einem Entsafter entsaften. Dafür am besten ein mittelfeines Trestersieb verwenden. Dieser Vorgang ergibt 1,2 l Apfelsaft und ca. 400 g Trester.

2 Den Apfelsaft in einem Topf aufkochen und bei mittlerer Hitze in ca. 20 Min. auf ca. 1 l reduzieren. Noch heiß in die Schraubgläser oder Flaschen füllen, verschließen und abkühlen lassen. Die Apfelsüße im Kühlschrank aufbewahren und innerhalb von 4–6 Wochen verbrauchen.

1,5 kg Äpfel (süße Sorte, z. B. Royal Gala oder Golden Delicious)

✦

AUSSERDEM
4 Twist-off-Gläser oder Flaschen (à ca. 250 ml Inhalt, sterilisiert, siehe S. 44)

✦

FÜR 1 L
Zubereitungszeit: 35 Min.
Pro 100 ml ca. 50 kcal, 0 g EW, 1 g F, 10 g KH

MEINE PRAXISTIPPS

Die Apfelsüße kann – am besten portionsweise – eingefroren werden. Der Trester hält sich im Kühlschrank 2–3 Tage. Er eignet sich gut zum Kuchenbacken und Binden von Gemüsepattys.

Mit Apfelsaft aus der Flasche gelingt dieses Rezept natürlich auch. Sie benötigen 1 l Apfelsaft (naturtrüb, ohne Zuckerzusatz) und 200 g Apfelmus (selbst gemacht oder aus dem Glas). Beides mischen und dann wie in Step 2 vorgehen.

DIE SUPERFOODS-KÜCHE

DATTELPASTE
----- GRUNDREZEPT -----

DATTELPASTE IST EXTREM SÜSS: SPARSAM EINSETZEN! ICH MACHE SIE OFT AUF VORRAT UND FRIERE SIE DANN PORTIONSWEISE EIN.

1 Die Datteln entkernen, knapp mit Wasser bedecken und 2–3 Std. einweichen.

2 Die Datteln in ein Sieb abgießen, dabei das Wasser auffangen. 50 ml Einweichwasser und die Datteln mit dem Stabmixer oder im Standmixer fein pürieren. Die Dattelpaste in die Gläser füllen und verschließen.

GESUNDES SÜSSUNGSMITTEL

MEIN VORRATSTIPP
Die Paste hält sich im Kühlschrank mehrere Wochen. Sie können sie auch direkt in den Gläsern einfrieren.

500 g Medjool-Datteln

AUSSERDEM
2 Twist-off-Gläser (à ca. 250 ml Inhalt, sterilisiert, siehe S. 44)

FÜR 500 G
Zubereitungszeit: 5 Min.
Einweichzeit: 2–3 Std.
Pro 50 g ca. 45 kcal, 0 g EW, 0 g F, 11 g KH

DIE SUPERFOODS-KÜCHE

REZEPTE
FÜR MEHR SUPERPOWER

NICHTS WIE RAN AN DAS GRÜNZEUG!

SUPERGEMÜSE UND SUPEROBST IN HÜLLE UND FÜLLE. FREUEN SIE SICH AUF LECKERE FRÜHSTÜCKSIDEEN, PRAKTISCHES SUPER-FOOD ZUM MITNEHMEN, GLÜCKLICH MACHENDE HAUPTGERICHTE UND HIMMLISCHE DESSERTS. ALLES OHNE INDUSTRIEZUCKER UND WEISSMEHL, DAFÜR MIT GANZ VIEL SUPERFOOD-POWER!

FRÜHSTÜCKSGLÜCK
----- VEGAN IN DEN TAG -----

EIN GUTER START IN DEN TAG IST DIE HALBE MIETE. EGAL, OB SCHNELLES MÜSLI TO GO, LECKERE SMOOTHIES ODER AUSGIEBIGES SONNTAGSFRÜHSTÜCK – LASSEN SIE DIE SUPERPOWER VON OBST UND GEMÜSE SCHON MORGENS AUF SICH WIRKEN.

EISEN-POWER!

IRONISTA- SMOOTHIE

EIN UNSCHLAGBARER SMOOTHIE: MIT VIEL VITAMIN C FÜR EINE GUTE EISENAUFNAHME UND DER NATÜRLICHEN SÜSSE VON FEIGEN.

1 Die Orangen auspressen. Birne und Rucola waschen, abtropfen lassen. Die Birne vierteln, das Kerngehäuse entfernen und das Fruchtfleisch grob würfeln. Den Rucola trocken schütteln und grob schneiden. Den Stielansatz der Feigen entfernen und die Früchte grob hacken.

2 Alle vorbereiteten Zutaten und die Cashewnüsse in den Standmixer oder die Küchenmaschine mit Messereinsatz füllen und – je nach Gerät – in 30 – 90 Sek. fein mixen. Den Smoothie auf vier Gläser verteilen und sofort servieren.

1,1 kg Blutorangen (ca. 10 Stück;
ersatzweise 500 ml Blutorangensaft)
1 kleine Birne (ca. 130 g)
75 g Rucola
4 getrocknete Feigen
75 g Cashewnusskerne

♦
FÜR 4 PERSONEN (CA. 1 L)
Zubereitungszeit: 10 Min.
Pro Portion ca. 230 kcal, 5 g EW, 9 g F, 31 g KH

MEIN SUPERFOODSTIPP

Blutorangen enthalten viel Vitamin C, das dazu beiträgt, die Eisenaufnahme aus der Nahrung zu steigern. Sie sind außerdem reich an Folsäure, einem Vitamin aus der Gruppe der B-Vitamine, das bei zahlreichen Stoffwechselvorgängen mitwirkt.
Rucola und Feigen enthalten Eisen, das eine wichtige Rolle bei der Blutbildung spielt. Ein weiterer Vorteil des Rucolas: Seine Senföle wirken antioxidativ. Das bedeutet, sie fangen freie Radikale, bevor diese die Zellen schädigen können.

HELLWACH!
----- FRÜHSTÜCKSSMOOTHIE -----

WACH WERDEN UND FRÜHSTÜCKEN IN EINEM GARANTIERT DIESER GRÜNE, BANANENMILDE SMOOTHIE. WER BRAUCHT DA SCHON KAFFEE?!

1 Den Spinat verlesen, waschen und abtropfen lassen. Die Bananen schälen und grob zerteilen. Den Ingwer waschen und mit Schale in grobe Würfel schneiden.

2 Alle Zutaten in der angegebenen Reihenfolge in den Standmixer oder die Küchenmaschine mit Messereinsatz füllen und – je nach Gerät – in 30–90 Sek. fein mixen. Den Smoothie auf vier Gläser verteilen und sofort servieren.

MIT GUARANA

MEIN PRAXISTIPP

Guaranapulver wird aus der Guaranapflanze gewonnen, die im Amazonasgebiet in Südamerika wächst. Sie enthält von Natur aus sehr viel Koffein und wirkt anregend. Gerade morgens können wir das ja alle brauchen. Dosieren Sie aber vorsichtig, denn die anregende Wirkung hält länger vor und kann auch etwas stärker ausfallen als bei Kaffee.

100 g junger Spinat
2 Bananen
1 haselnussgroßes Stück Ingwer
1 leicht gehäufter TL Guaranapulver* (Bioladen)
500 ml Kokoswasser* (Bioladen; ersatzweise 500 ml Wasser)

✦

FÜR 4 PERSONEN (CA. 1 L)
Zubereitungszeit: 10 Min.
Pro Portion ca. 90 kcal, 2 g EW, 1 g F, 21 g KH

BLAUBEER-SHAKE
----- MIT SANDDORN -----

JEDE MENGE HIRSEPOWER VERSPRICHT SCHÖNE HAUT, GLÄNZENDE HAARE UND FESTE NÄGEL.

1 Die Blaubeeren waschen, verlesen und 1 EL zum Garnieren zurückbehalten. Die restlichen Beeren mit Hirseflocken, Cashewnüssen, Sanddornsaft, nach Belieben Dattelpaste und 600 ml Wasser in den Standmixer oder ein hohes Mixgefäß geben.

2 Die Vanilleschote längs aufschneiden, das Mark herauskratzen und zu den anderen Zutaten geben. Alles im Standmixer oder mit dem Stabmixer zu einem feinen Shake mixen. Den Shake auf vier Gläser verteilen und mit den übrigen Blaubeeren garnieren.

BEAUTY-SHAKE MIT VIEL KIESELSÄURE

250 g Blaubeeren
200 g Vollkornhirseflocken
4 EL Cashewnusskerne
4 EL Sanddornsaft
2 TL Dattelpaste (siehe Rezept S. 19; ersatzweise
2–3 EL Ahorndicksaft, Agaven- oder Reissirup; nach Belieben)
1 Vanilleschote

✦

FÜR 4 PERSONEN (CA. 1 L)
Zubereitungszeit: 5 Min.
Pro Portion ca. 285 kcal, 7 g EW, 7 g F, 49 g KH

ANANAS-SHAKE
----- **MIT ZITRONENGRAS** -----

DIESER ERFRISCHENDE SHAKE KITZELT SCHON MORGENS DEN GAUMEN WACH.

1 Die Ananas schälen und das Fruchtfleisch mit Strunk grob würfeln. Das Zitronengras waschen, abtropfen lassen und in feine Streifen schneiden.

2 Alle Zutaten in den Standmixer geben und sehr fein pürieren. Auf vier Gläser verteilen und sofort servieren.

FRISCH UND ZITRONIG

800 g Ananas
8 g Zitronengras (ca. 3 – 4 cm)
280 g pflanzlicher Joghurt* (ungesüßt; ersatzweise selbst gemachter Joghurt, siehe Rezept S. 35)
3 EL Ahornsirup
280 ml Kombucha (selbst angesetzt oder aus dem Bioladen; ersatzweise grüner Tee oder Apfelsaft)

✦

FÜR 4 PERSONEN (CA. 1,5 L)
Zubereitungszeit: 5 Min.
Pro Portion ca. 145 kcal, 4 g EW, 2 g F, 26 g KH

KOKOS-CASHEW-QUARK

CREMIG-FEIN

200 g Cashewnusskerne
400 g Kokosmilch*
1 1/2 TL Agar-Agar*
1/2 TL Johannisbrotkernmehl* (Bioladen; ersatzweise 1 TL Pfeilwurzelstärke*)
150 g Sojajoghurt* (ungesüßt)

♦

AUSSERDEM
Joghurtbereiter oder 1 großes Twist-off-Glas (ca. 500 ml Inhalt, sterilisiert, siehe S. 44)

♦

FÜR 4 PERSONEN (CA. 1 KG)
Zubereitungszeit: 20 Min.
Fermentierzeit: 10 Std.
Pro Portion ca. 480 kcal, 12 g EW, 39 g F, 19 g KH

1 Die Cashewnüsse über Nacht in reichlich Wasser einweichen. Am nächsten Tag das Wasser abgießen, die Nüsse noch mal kurz abbrausen und mit 300 ml Wasser im Standmixer sehr fein zur Nussmilch pürieren.

2 Die Kokosmilch mit dem Agar-Agar und Johannisbrotkernmehl verrühren und aufkochen. Die Milch 2 Min. köcheln lassen, dann vom Herd nehmen und 5 Min. abkühlen lassen. Die Cashewnussmilch unterrühren. Wenn die Mischung hand- bzw. lauwarm abgekühlt ist, den Joghurt einrühren.

3 Die Masse in ein verschließbares Gefäß füllen (Deckel nicht ganz zudrehen) und 10 Std. an einem warmen Ort (ca. 38–40°, z. B. auf der Heizung) fermentieren. Sehr gut eignet sich auch ein elektrischer Dörrautomat, den man auf ca. 41° einstellen kann.

4 Dann den Quark mindestens 2 Std. in den Kühlschrank stellen. Anschließend mit dem Stabmixer pürieren, das macht die Konsistenz feiner. Die Masse kann mit Wasser oder Pflanzenmilch zu Joghurt verdünnt werden. 150 g Quarkmasse dienen als Starterkultur für den nächsten Quark. Nach 5–6 Herstellungsvorgängen muss als Starterkultur wieder Sojajoghurt verwendet werden.

MEIN TAUSCHTIPP
Ohne Soja geht's auch! Wenn Sie auf Soja verzichten wollen, können Sie den Quark mit probiotischen Kulturen ansetzen. Die bekommen Sie im Reformhaus oder im Internet (Achtung, nicht alle sind vegan!). Damit lassen sich auch verschiedene pflanzliche Joghurts herstellen.

FRUCHT ZUM LÖFFELN

SMOOTHIEBOWL
----- **MIT KNUSPERTOPPING** -----

SMOOTHIES ZUM TRINKEN KENNEN SIE SCHON. DIE GESUNDEN MUNTERMACHER – RICHTIG SCHÖN CREMIG MIT EINGEWEICHTEN HAFERFLOCKEN – KÖNNEN SIE ZUR ABWECHSLUNG ABER AUCH LÖFFELN.

1 Am Vortag für die Smoothiebowl die Haferflocken mit der Pflanzenmilch verrühren und mind. 4 Std. oder über Nacht im Kühlschrank quellen lassen. Für das Topping den Backofen auf 120° vorheizen. Die Haferflocken mit Öl, Ahornsirup und 1 Prise Salz vermengen. Die Mischung auf ein mit Backpapier belegtes Blech geben und im Ofen (Mitte) in 10 Min. knusprig backen.

2 Am Zubereitungstag die Beeren waschen und abtropfen lassen. Die Kiwis schälen. 1 Kiwi in dünne Scheiben schneiden. Die übrigen Kiwis grob würfeln. Den Salat waschen, kurz abtropfen lassen, den Strunk entfernen und die Blätter grob zerteilen.

3 Die grob gewürfelten Kiwis mit dem Salat und den eingeweichten Flocken in einen Standmixer geben. Mit 600 ml Wasser aufgießen und alles sehr fein zu einem sämigen Smoothie pürieren.

4 Den Smoothie auf vier Schalen verteilen und mit den Kiwischeiben garnieren. Mit dem Knuspertopping und den Beeren bestreuen.

FÜR DIE SMOOTHIEBOWL
80 g Haferflocken (ersatzweise Hirse- oder Buchweizenflocken)
200 ml Pflanzenmilch* (z. B. Reis- oder Mandelmilch)
6 Kiwis
1 Salatherz (100 g)

FÜR DAS TOPPING
70 g Haferflocken (ersatzweise Hirse- oder Buchweizenflocken)
1 EL neutrales Pflanzenöl
2 EL Ahornsirup
Salz
70 g Beeren (z. B. Blaubeeren, Johannisbeeren, Himbeeren)

AUSSERDEM
Backpapier

FÜR 4 PERSONEN
Zubereitungszeit: 20 Min.
Quellzeit: mind. 4 Std. oder über Nacht
Pro Portion ca. 230 kcal, 5 g EW, 7 g F, 36 g KH

FRÜHSTÜCKSGLÜCK

FRÜHSTÜCKSREIS
----- MIT KOKOS -----

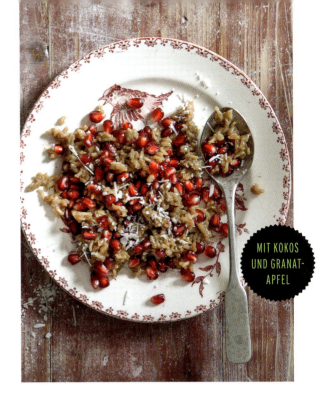

MIT KOKOS UND GRANATAPFEL

ICH LIEBE REIS »IN SÜSS« VOR ALLEM ZUM FRÜHSTÜCK, WEIL ER LANGE SATT MACHT UND SO EINFACH VORZUBEREITEN IST.

1 Die Vanilleschote längs aufschneiden und das Mark herauskratzen. Den Reis in einem Topf mit Kokosblütenzucker, Kokosmilch, 100 ml Wasser, Vanillemark, -schote und 1 Prise Salz aufkochen. Dann zugedeckt 30 Min. bei ganz schwacher Hitze köcheln.

2 Die Vanilleschote entfernen und den Reis zugedeckt weitere 30 Min. auf der ausgeschalteten Herdplatte quellen lassen oder 30 Min. zugedeckt in den 50° warmen Backofen stellen.

3 Kurz vor dem Servieren den Granatapfel halbieren und die Kerne herauslösen. Dafür die halbierte Frucht mit der Öffnung nach unten über einer Schüssel festhalten und mit dem breiten Ende eines Holzkochlöffels auf die Schale schlagen, bis sich alle Kerne gelöst haben. Die Kerne samt Saft unter den Reis heben, mit den Kokosraspeln bestreuen und servieren.

1 Vanilleschote
150 g Vollkorn-Basmatireis
25 g Kokosblütenzucker (Bioladen; ersatzweise
4 EL Ahornsirup)
200 g Kokosmilch*
Salz
30 g Kokosraspel

♦

AUSSERDEM
1 Granatapfel

♦

FÜR 4 PERSONEN
Zubereitungszeit: 15 Min.
Koch- und Quellzeit: 1 Std.
Pro Portion ca. 340 kcal, 5 g EW, 14 g F, 48 g KH

MIT MAULBEEREN UND APFELSÜSSE

VERY BERRY OVERNIGHT OATS

FÜR ALLE, DIE MORGENS GERN DIE »SNOOZE«-TASTE DES WECKERS DRÜCKEN: ABENDS VORBEREITEN, MORGENS EINPACKEN UND IM BÜRO LECKER FRÜHSTÜCKEN!

1 Die frischen Beeren waschen und abtropfen lassen. Haferflocken, Maulbeeren und den gepufften Vollkornreis auf die Gläser verteilen. Die Vanilleschoten längs aufschneiden, das Mark herauskratzen und mit der Pflanzenmilch verrühren.

2 Die Pflanzenmilch ebenfalls auf die Gläser verteilen und alles gut umrühren. Die Apfelsüße daraufgeben, mit dem Zimtpulver bestreuen und die Beeren dazugeben. Anschließend mit Kokoschips garnieren und die Gläser verschließen. Die Overnight Oats im Kühlschrank 2–8 Std. oder über Nacht ziehen lassen.

200 g Beeren (z. B. Himbeeren, Johannisbeeren, Blaubeeren)
140 g Haferflocken (Kleinblatt; ersatzweise Buchweizen- oder Hirseflocken)
40 g getrocknete Maulbeeren (Bioladen; ersatzweise Rosinen)
20 g gepuffter Vollkornreis
2 Vanilleschoten (ersatzweise 2 TL Bourbon-Vanillepulver)
500 ml Pflanzenmilch* (z. B. Hafer-, Dinkel-, Reis- oder Nussmilch)
200 ml Apfelsüße (siehe Rezept S. 18)
1 TL Zimtpulver
2 EL geröstete Kokoschips (ersatzweise Kokosraspel)

♦

AUSSERDEM
4 Twist-off-Gläser (à ca. 300 ml Inhalt, sterilisiert, siehe S. 44)

♦

FÜR 4 PERSONEN
Zubereitungszeit: 5–10 Min.
Ziehzeit: 2–8 Std. oder über Nacht
Pro Portion ca. 295 kcal, 6 g EW, 10 g F, 44 g KH

MEIN SUPERFOODSTIPP

Maulbeeren wachsen auch bei uns oft wild und können zwischen Juli und September frisch geerntet werden. Sie halten sich allerdings nicht sehr lang und werden daher meistens getrocknet verkauft. Die weißen oder roten Früchte ähneln Brombeeren und sind reich an Antioxidantien sowie wertvollen Mineralien.

FRÜHSTÜCKSGLÜCK

ERDBEER-CHIA-MÜSLI IM GLAS

EIN SOMMERFRÜHSTÜCK FÜR EILIGE: ABENDS VORBEREITEN UND UNTERWEGS GENIESSEN. FUNKTIONIERT AUCH MIT TK-BEEREN UND MACHT LANGE SATT!

1 Frische Erdbeeren waschen, abtropfen lassen und die Blütenkelche entfernen; TK-Beeren auftauen lassen. Die Beeren fein pürieren, mit den Chiasamen verrühren und die Erdbeersauce 5 Min. quellen lassen.

2 Die Vanilleschoten längs aufschneiden, das Mark herauskratzen und die Hälfte unter die Erdbeersauce rühren. Restliches Vanillemark mit der Pflanzenmilch verrühren.

3 Dinkelflocken, Quinoa und Joghurt auf die Gläser verteilen und mit der Pflanzenmilch aufgießen. Alles gut verrühren, die Erdbeersauce auf dem Müsli verteilen und die Gläser verschließen. Im Kühlschrank 2 – 8 Std. oder über Nacht ziehen lassen.

JOGHURT-FRISCH

300 g Erdbeeren (frisch oder TK)
4 TL Chiasamen* (12 g)
2 Vanilleschoten (ersatzweise 2 TL Bourbon-Vanillepulver)
400 ml Pflanzenmilch*
12 EL Dinkelflocken (140 g; ersatzweise Haferflocken)
12 EL gepuffter Quinoa (60 g; Bioladen; ersatzweise gepuffter Vollkornreis oder Amarant)
8 gehäufte EL pflanzlicher Joghurt* (250 g; Soja- oder selbst gemachter Mandeljoghurt, siehe Rezept S. 35)

◆

AUSSERDEM
4 Twist-off-Gläser (à ca. 300 ml Inhalt, sterilisiert, siehe S. 44)

◆

FÜR 4 PERSONEN
Zubereitungszeit: 10 Min.
Ziehzeit: 2 – 8 Std. oder über Nacht
Pro Portion ca. 295 kcal, 11 g EW, 5 g F, 47 g KH

BANANEN-DATTEL- ----PUDDING----

PUDDING OHNE KOCHEN! CREMIG-SÜSS, MIT EINER ORDENTLICHEN PORTION SEROTONIN UND AROMATISCHER MANDEL-POWER FÜR EINEN LANGEN TAG.

1 Die Vanilleschote längs aufschneiden und das Mark herauskratzen. 2 Bananen schälen und in grobe Stücke teilen. Alle Zutaten mit 400 ml Wasser in einen Standmixer geben oder mit dem Stabmixer fein pürieren. Die Masse auf vier Gläser verteilen, verschließen und ca. 20 Min. im Kühlschrank quellen lassen.

2 Inzwischen die Walnusskerne grob hacken und in einer Pfanne ohne Öl anrösten. Die übrige Banane schälen, in Scheiben schneiden und auf dem Pudding verteilen. Mit den gehackten Nüssen bestreuen, mit Ahornsirup beträufeln und mit Zimtpulver bestäuben.

GLÜCK IM GLAS

1 Vanilleschote
3 Bananen
80 g Mandelmus* (ersatzweise Cashewmus)
2 EL Dattelpaste (40 g; siehe Rezept S. 19; ersatzweise Ahornsirup)
4 TL Flohsamenschalen* (Bioladen)
1 TL Zimtpulver

✦

AUSSERDEM
2 EL Walnusskerne
1 EL Ahornsirup
Zimtpulver
4 Twist-off-Gläser (à ca. 150 ml Inhalt, sterilisiert, siehe S. 44)

✦

FÜR 4 PERSONEN
Zubereitungszeit: 10 Min.
Quellzeit: 20 Min.
Pro Portion ca. 290 kcal, 5 g EW, 15 g F, 33 g KH

FRÜHSTÜCKSGLÜCK

MANDELJOGHURT
MIT TRAUBEN UND NÜSSEN

BROTTRUNK ERINNERT MICH IMMER EIN BISSCHEN AN DIE REFORMHÄUSER DER FRÜHEN 90ER-JAHRE. ES IST ZEIT, IHM EIN NEUES IMAGE ZU VERPASSEN!

1 Für den Joghurt das Mandelmus mit 600 ml Wasser, Sirup und Agar-Agar verrühren. Aufkochen und 1 Min. unter Rühren kochen. Den Topf vom Herd nehmen und die Mandelmilch handwarm abkühlen lassen.

2 Den Brottrunk einrühren, die Mischung in einen Joghurtbereiter geben und darin 10–12 Std. fermentieren. Ersatzweise in eine Schüssel füllen, locker abdecken und an einem warmen Ort (ca. 38–40°, z. B. auf der Heizung) fermentieren. Danach 3–4 Std. oder über Nacht im Kühlschrank nachreifen lassen.

3 Den Joghurt anschließend mit dem Stabmixer glatt pürieren. Die Vanilleschote längs aufschneiden, das Mark herauskratzen und in den Joghurt rühren. Den Joghurt auf vier Dessertschälchen oder Gläser verteilen und in den Kühlschrank stellen.

4 Für das Topping die Trauben waschen, abtropfen lassen und halbieren. Die Nüsse grob hacken und mit den Flocken in einer kleinen Pfanne bei mittlerer Hitze 2–3 Min. anrösten.

5 Die Zitronenmelisse waschen, trocken schütteln und einige schöne Blätter abzupfen. Die Zitrone heiß abwaschen, trocken tupfen und die Schale abreiben oder mit dem Zestenreißer abziehen. Die Trauben und das Nuss-Flocken-Topping auf dem Joghurt verteilen, Ahornsirup darüberträufeln. Mit Zimtpulver bestreuen und mit Zitronenschale und Zitronenmelisse garnieren.

OHNE SOJA

FÜR DEN MANDELJOGHURT
150 g weißes Mandelmus*
2 EL Reissirup (ersatzweise Ahornsirup)
1 TL Agar-Agar*
200 ml Brottrunk
1 Vanilleschote

FÜR DAS TOPPING
160 g rote oder helle Trauben
80 g Nüsse (z. B. Mandeln, Walnusskerne, Haselnusskerne)
50 g Buchweizenflocken (ersatzweise Hafer- oder Dinkelflocken)
4 EL Ahornsirup
1/2 TL Zimtpulver

AUSSERDEM
3 Stängel Zitronenmelisse zum Garnieren (ersatzweise Minze)
1 Bio-Zitrone

FÜR 4 PERSONEN
Zubereitungszeit: 20 Min.
Fermentierzeit: 10–12 Std.
Kühlzeit: 3–4 Std.
Pro Portion ca. 495 kcal, 11 g EW, 33 g F, 39 g KH

SÜSSKARTOFFEL-PANCAKES
----- MIT ÄPFELN -----

200 g Süßkartoffeln
150 g Dinkelvollkornmehl (ersatzweise Weizenvollkornmehl)
Salz
1 Vanilleschote
2 EL Ahornsirup (ersatzweise Agavendicksaft*)
1 EL neutrales Pflanzenöl
250 ml Pflanzenmilch*
1 Apfel (ca. 160 g)
100 ml Sprudelwasser
1 1/2 TL Backpulver

♦

AUSSERDEM
4–6 EL neutrales Pflanzenöl zum Braten
Ahornsirup (nach Belieben)
1 TL Zimtpulver (nach Belieben)
125 g Beeren (z. B. Erdbeeren, Himbeeren, Blaubeeren oder Johannisbeeren) zum Garnieren (nach Belieben)

♦

FÜR 16 PANCAKES
Zubereitungszeit: 20 Min.
Ruhezeit: 15 Min.
Pro Pancake ca. 90 kcal, 2 g EW, 5 g F, 11 g KH

1 Die Süßkartoffeln waschen, schälen und in 4 cm große Würfel schneiden. Die Würfel knapp mit Wasser bedecken und in 7–10 Min. zugedeckt weich kochen. Dann in ein Sieb abgießen und ausdampfen lassen.

2 Inzwischen Mehl und 1 Prise Salz in einer Schüssel vermischen. Die Vanilleschote längs aufschneiden und das Mark herauskratzen. Vanillemark, Ahornsirup und die Süßkartoffeln sehr fein pürieren. Mit 1 EL Öl und der Pflanzenmilch zum Mehl geben und dann mit dem Schneebesen zu einem glatten Teig verarbeiten. Den Teig ca. 15 Min. ruhen lassen.

3 Inzwischen den Apfel waschen, mit einem Apfelausstecher das Kerngehäuse entfernen. Den Apfel in 16 Scheiben, ca. 2 mm dünn, schneiden. Das Sprudelwasser und Backpulver zum Teig geben und nochmals gut mischen.

4 Aus dem Teig nacheinander 16 Pancakes ausbacken. Dazu 1 EL Öl in einer beschichteten Pfanne erhitzen. Pro Pfannkuchen 1 EL Teig in die Pfanne geben und zu einem Kreis von 10–12 cm Ø ausstreichen. Je 1 Apfelscheibe mittig in den Teig drücken und bei mittlerer Hitze von jeder Seite ca. 1 Min. braten. Aus dem Teig und den Äpfeln so insgesamt 16 Pancakes backen.

5 Die Pfannkuchen leicht überlappend mit der Apfelseite nach oben auf vier Teller verteilen, nach Belieben mit Ahornsirup beträufeln und mit etwas Zimtpulver bestäuben. Nach Belieben die Beeren waschen, abtropfen lassen und über die Pfannkuchen streuen.

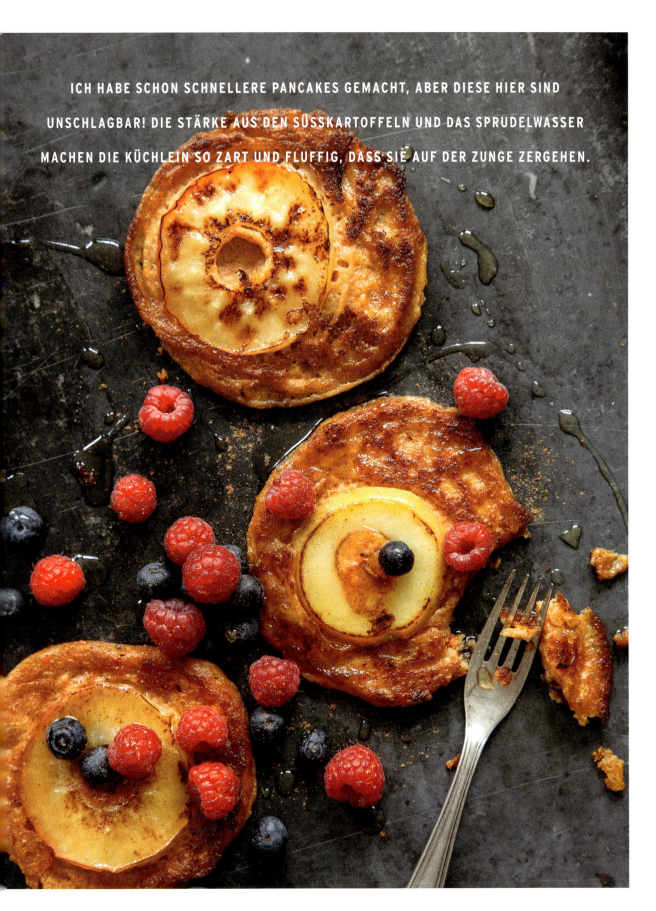

ERDNUSS- ENERGIERIEGEL

OHNE BACKEN

2 Vanilleschoten
200 g geröstete ungesalzene Erdnusskerne
60 g Chiasamen*
200 g Haferflocken (ersatzweise Dinkel-, Buchweizen- oder Hirseflocken)
Salz
200 g zimmerwarme Erdnussbutter (mit oder ohne Stücke)
150 g Dattelpaste (siehe Rezept S. 19)
40 g Quinoa (ersatzweise Amarant oder gepuffter Vollkornreis)

✦

AUSSERDEM
1 Back- oder Auflaufform (ca. 24 x 24 cm)

✦

FÜR 32 RIEGEL
Zubereitungszeit: 20 Min.
Kühlzeit: 1 Std.
Pro Portion ca. 120 kcal, 5 g EW, 7 g F, 6 g KH

1 Die Vanilleschoten längs aufschneiden und das Mark herauskratzen. Vanillemark, Erdnüsse, Chiasamen, die Flocken und 2 Msp. Salz im Blitzhacker mit der Pulse-Funktion fein mahlen. Die Erdnussbutter glatt rühren und mit den übrigen Zutaten in eine Schüssel geben.

2 Die Masse zunächst mit einem Löffel mischen, dann ca. 30 Sek. mit den Händen verkneten, bis sich alles gut verbunden hat. Die Masse in die Form drücken, das geht besonders gut mit leicht angefeuchteten Händen.

3 Die Masse mit einem scharfen Messer in 32 Riegel von 3 cm Breite und 6 cm Länge teilen. Die Form ca. 1 Std. in den Kühlschrank stellen. Die Riegel danach herausheben und in einer Frischhaltedose im Kühlschrank aufbewahren. So halten sie sich mehrere Wochen.

BEERIG UND NUSSIG

SONNTAGS-WAFFELTURM

FÜR DIE FÜLLUNG
70 g Erdnussbutter | 1 EL Ahornsirup
je 80 g Himbeeren und Blaubeeren

FÜR DIE WAFFELN
200 g Weizen- oder Dinkelvollkornmehl
1 leicht gehäufter TL Backpulver (ersatzweise Natron)
2 EL Speisestärke
50 g Buchweizenflocken (ersatzweise Hafer- oder Dinkelflocken; Kleinblatt)
1 Vanilleschote
250 g Nusssahne (siehe Rezept S. 16; ersatzweise Kokosmilch*)
2 TL Chiasamen* (ersatzweise 1 EL geschrotete Leinsamen)
2 EL neutrales Pflanzenöl
50 g Ahornsirup | 150 ml Sprudelwasser

AUSSERDEM
1–2 EL neutrales Pflanzenöl für das Waffeleisen
20 g Zartbitterkuvertüre (ersatzweise Zartbitterschokolade, mind. 60 % Kakaogehalt)

FÜR 6 WAFFELN (Ø CA. 15 CM)
Zubereitungszeit: 50 Min.
Pro Waffel ca. 465 kcal, 11 g EW, 28 g F, 41 g KH

1 Für die Füllung die Erdnussbutter mit 125 ml Wasser aufkochen, glatt rühren und vom Herd nehmen, sobald sich eine cremige Masse gebildet hat. Mit 1 EL Ahornsirup abschmecken. Die Beeren verlesen, waschen und gut abtropfen lassen.

2 Für die Waffeln die Mehl, Backpulver, Stärke und Flocken in einer Schüssel vermengen. Die Vanilleschote längs aufschneiden und das Mark herauskratzen. Das Vanillemark mit Nusssahne, Chiasamen, Pflanzenöl und Ahornsirup verrühren. Die Mischung ca. 5 Min. quellen lassen. Das Waffeleisen auf mittlerer Stufe vorheizen.

3 Die Chia-Nuss-Mischung zu den trockenen Zutaten gießen und die Masse mit einem Löffel rasch zu einem homogenen Rührteig verarbeiten. Das Sprudelwasser erst ganz zum Schluss unterrühren.

4 Das Waffeleisen ganz leicht fetten und pro Waffel 1 Schöpflöffel Teig in die Mitte des Eisens geben. Das Eisen zuklappen und die Waffeln nacheinander in je 2–4 Min. goldbraun backen (siehe Tipp). Zum Auskühlen auf ein Kuchengitter legen. Die Kuvertüre fein hacken und über einem heißen Wasserbad schmelzen.

5 Auf einen Teller 1 Waffel legen, 1 gehäuften EL Erdnusscreme in Klecksen daraufgeben. 1 EL Him- und Blaubeeren auf die Waffel streuen und eine weitere Waffel darauflegen. Auf diese Weise fortfahren, bis alle Waffeln aufgebraucht sind. Den Waffelturm mit der übrigen Erdnusscreme und den restlichen Beeren verzieren und mit der flüssigen Kuvertüre beträufeln.

MEINE PRAXISTIPPS
Ich werde immer wieder gefragt, warum Waffeln manchmal am Eisen kleben bleiben, und habe auch schon gehört, dass manch einer wegen dieses nervigen Anhaftens sein Waffeleisen entsorgt hat. Dabei gibt es einen einfachen Trick: Öffnen Sie das Waffeleisen auf keinen Fall zu früh! Erst wenn die Oberseite ohne Druck aufgeht, sind die Waffeln fertig. Falls Sie das Eisen doch mal zu früh geöffnet haben: Schnell wieder zumachen und noch mal leicht andrücken.

SONNTAGS WERDE ICH GERNE ZUR HOCHSTAPLERIN. MIT DIESEM ÜPPIGEN WAFFELTURM MACHEN SIE SCHON MORGENS DIE GANZE FAMILIE GLÜCKLICH.

VOLLKORN- BRÖTCHENKRANZ

FÜR DIE BRÖTCHEN
1/2 Würfel Hefe (21 g)
1 EL Ahornsirup (ersatzweise Agavendicksaft*)
450 g Weizenvollkornmehl (ersatzweise Dinkelvollkornmehl)
Salz
1 TL Kurkumapulver (nach Belieben)
2 EL neutrales Pflanzenöl

FÜR DIE GARNITUR
1 TL Speisestärke
1/2 TL helle Sesamsamen
1/2 TL schwarze Sesamsamen
1 EL Sonnenblumenkerne
1 EL Kürbiskerne
1 TL Hanfsamen*
1/2 TL rosa Pfefferbeeren

AUSSERDEM
1 EL Mehl zum Verarbeiten
1 Springform (Ø 26 cm)

FÜR 12 BRÖTCHEN
Zubereitungszeit: 45 Min.
Gehzeit: ca. 3 Std. 30 Min.
Backzeit: 35 – 40 Min.
Pro Brötchen ca. 150 kcal, 5 g EW, 4 g F, 24 g KH

1 Die Hefe in grobe Stücke krümeln, in einer Schüssel mit 300 ml warmem Wasser und dem Ahornsirup auflösen. Die Mischung 5 – 10 Min. an einem warmen Ort stehen lassen, bis die Hefe Blasen wirft.

2 Das Mehl mit 2 gestrichenen TL Salz und Kurkumapulver mischen. Hefemischung und Öl zum Mehl geben und mit dem Stiel eines Kochlöffels oder den Knethaken des Handrührgeräts grob vermengen, bis sich Klümpchen bilden. Den Teig auf einer glatten Unterlage 15 Min. mit den Händen kneten, dabei ab und zu auf die Arbeitsfläche schlagen. Den Teig zu einer Kugel formen und in einer Schüssel zugedeckt bei Zimmertemperatur ca. 3 Std. gehen lassen, bis er sich deutlich vergrößert hat.

3 Kurz vor der Weiterverarbeitung des Teigs eine Schüssel mit ca. 500 ml kochendem Wasser auf den Boden des kalten Backofens stellen und das Ofengitter darüber setzen (Mitte). Den Boden der Springform mit Backpapier auslegen.

4 Den Teig mit bemehlten Händen vorsichtig aus der Schüssel lösen und zu einer ca. 35 cm langen Rolle ziehen, dabei nicht mehr kneten. Die Rolle mit einem Messer in 12 gleich große Stücke schneiden. Jeden Teigling zu einer glatten Kugel formen. Dazu mit Daumen und Zeigefinger einen Kreis formen und den Teigling von unten durch den Kreis schieben. Mit der glatten Seite nach oben in die Springform setzen, dabei immer einige cm Platz zwischen den Teiglingen lassen. 9 Teiglinge am Rand der Springform entlang anordnen, die 3 übrigen Teiglinge in die Mitte setzen. Die Springform in den kalten Backofen stellen und die Brötchen noch mal ca. 20 Min. gehen lassen.

5 Inzwischen für die Garnitur die Speisestärke mit 100 ml Wasser verquirlen und unter Rühren in einem Topf aufkochen. Die Stärkemischung von Herd ziehen und die Brötchen damit einpinseln. Teiglinge im äußeren Kreis im Wechsel mit Kürbiskernen, Sesamsamen und Sonnenblumen bestreuen (für 3 Kürbiskern-, 3 Sesam- und 3 Sonnenblumenkernbrötchen). Die 3 Teiglinge im inneren Kreis mit Hanfsamen und Pfefferbeeren bestreuen. Die Springform zurück in den kalten Backofen stellen (Mitte), die Wasserschüssel entfernen und die Brötchen bei 180° im Ofen 35 – 40 Min. backen, bis sie sich beim Klopfen auf die Oberfläche hohl anhören.

FRÜHSTÜCKSGLÜCK

BRÖTCHENKRÄNZE ERINNERN MICH AN FAMILIENFEIERN MEINER KINDHEIT. ICH BACKE SIE ABER NICHT NUR AUS NOSTALGISCHEN GRÜNDEN: DIE BRÖTCHEN BEHALTEN IM KRANZ IHRE FORM UND WERDEN VOLUMINÖSER.

SCHNELL, LECKER, EINFACH!

VANILLE-FRUCHT-AUFSTRICH
----- OHNE KOCHEN -----

250 g Beeren (frisch oder TK; ersatzweise 300 g Obst,
z. B. Kiwi oder Mango, mit Schale und Kernen gewogen)
2 TL Flohsamenschalen* (ersatzweise 1 EL Chiasamen)
20 g Ahornsirup (ersatzweise Reissirup oder 1 EL Dattelpaste,
siehe Rezept S. 19)
1 Bio-Zitrone
1 Vanilleschote

✦

AUSSERDEM
1 Twist-off-Glas (ca. 200 ml Inhalt, sterilisiert,
siehe Praxistipps unten)

✦

FÜR 1 GLAS
Zubereitungszeit: 10 Min.
Quellzeit: 10 Min.
Pro Glas ca. 115 kcal, 3 g EW, 3 g F, 26 g KH

1 Die frischen Beeren waschen, TK-Beeren auftauen lassen, die Flüssigkeit dabei auffangen. Die Beeren (samt Flüssigkeit) mit den Flohsamenschalen und dem Sirup fein pürieren. Die Mischung ca. 10 Min. quellen lassen.

2 Inzwischen die Zitrone heiß abwaschen, trocken tupfen und die Schale abreiben. Die Vanilleschote längs aufschneiden und das Mark herauskratzen. Vanillemark und Zitronenschale unter den Fruchtaufstrich rühren und nach Belieben nachsüßen.

3 Den Aufstrich in das Glas füllen. Er hält sich im Kühlschrank wenige Tage oder kann direkt im Glas eingefroren werden. Der Vanille-Frucht-Aufstrich schmeckt auch als Dessertsauce.

MEINE PRAXISTIPPS

Meine Gläser sterilisiere ich in der Spülmaschine. Dazu die Gläser samt Deckel bei höchstmöglicher Temperatur in die Maschine geben und waschen. Die Gläser danach, falls nötig, noch an der Luft trocknen lassen.
Oder: Die Gläser mit kochendem Wasser füllen und einige Minuten stehen lassen. Die Deckel in einem Topf in Wasser 1 Min. kochen lassen. Gläser und Deckel an der Luft trocknen lassen.
Wichtig: Die Gläser dürfen nach dem Sterilisieren innen nicht mehr berührt werden.

FRÜHSTÜCKSGLÜCK

FERMENTIERTE CASHEWCREME

ALS BROTAUFSTRICH ODER ZUM ÜBERBACKEN: FÜR DIESE WÜRZIGE CREME BRAUCHT MAN NUR WENIGE ZUTATEN UND EINEN SCHNEEBESEN.

1 Das Cashewmus und den Brottrunk pürieren oder mit dem Schneebesen verrühren. Die Masse 8–12 Std. je nach gewünschtem Geschmack (je länger die Creme zieht, desto würziger wird sie) zugedeckt bei Raumtemperatur fermentieren.

2 Die Cashewcreme mit den Hefeflocken, Salz und Pfeffer abschmecken. In das Glas füllen, verschließen und im Kühlschrank aufbewahren.

MIT BROTTRUNK

250 g Cashewmus
200 ml Brottrunk
2 EL Hefeflocken*
Salz
schwarzer Pfeffer aus der Mühle

AUSSERDEM
1 Twist-off-Glas (ca. 500 ml Inhalt, sterilisiert, siehe S. 44)

FÜR 10 PORTIONEN À 50 G
Zubereitungszeit: 5 Min.
Ziehzeit: 8–12 Std.
Pro Portion ca. 150 kcal, 5 g EW, 11 g F, 9 g KH

MEIN GENUSSTIPP

Die Cashewcreme eignet sich als Grundlage für Dips, zum Verfeinern von Saucen und Gemüsepfannen, zum Überbacken und natürlich als Brotaufstrich. Sie können die Creme nach Belieben auch mit frischen oder getrockneten Kräutern und Zitronensaft oder mit Gewürzen wie Paprikapulver, Rauchsalz oder Kreuzkümmel abschmecken.

FRÜHSTÜCKSGLÜCK

CASHEW- FRISCHKÄSE

AUS NUR DREI GRUNDZUTATEN ZAUBERN SIE DIESEN WÜRZIGEN FRISCHKÄSE. VORAUSSETZUNG IST EIN GUTER MIXER, DER CASHEWNÜSSE ZU EINER FEINEN PASTE VERARBEITET.

1 Am Vortag die Cashewnüsse mit der doppelten Menge Wasser bedecken und zugedeckt mind. 5 Std. oder über Nacht einweichen. Die Nüsse am nächsten Tag in ein Sieb abgießen, unter fließendem Wasser abbrausen und abtropfen lassen. Dann mit dem Brottrunk in einem Rührbecher mit dem Stabmixer sehr fein pürieren.

2 Die Misopaste unterrühren und alles zugedeckt in 8–12 Std. (je nach gewünschter Würzigkeit) bei Zimmertemperatur fermentieren. Die Paste mit Salz, Pfeffer und nach Belieben Hefeflocken abschmecken. Schnittlauch waschen, trocken schütteln, in Röllchen schneiden und unterrühren. Dann in das Glas füllen, verschließen und im Kühlschrank aufbewahren.

AUS GANZEN CASHEWNÜSSEN

250 g Cashewnusskerne
50 ml Brottrunk
1 EL helle Shiro-Misopaste (Bioladen)
Salz
schwarzer Pfeffer aus der Mühle
1–2 EL Hefeflocken* (nach Belieben)
1 Bund Schnittlauch (ersatzweise Petersilie oder getrocknete Kräuter, z. B. 1 gehäufter TL Rosmarin)

AUSSERDEM
1 Twist-off-Glas (ca. 400 ml Inhalt, sterilisiert, siehe S. 44)

FÜR CA. 10 PORTIONEN À 50 G
Zubereitungszeit: 10 Min.
Einweichzeit: mind. 5 Std. oder über Nacht
Ziehzeit: 8–12 Std.
Pro Portion ca. 145 kcal, 4 g EW, 11 g F, 8 g KH

AUBERGINEN-PASTINAKEN- ----- AUFSTRICH -----

MIT HARISSA UND ESTRAGON

1 große Aubergine (ca. 350 g)
250 g Pastinaken
Salz
2 Stängel Estragon (ersatzweise 1 TL getrockneter Estragon)
1/2 Zitrone
2 EL neutrales Pflanzenöl zum Braten
2 TL Harissapaste (Bioladen)
1 TL Agavendicksaft* (ersatzweise Ahorn- oder Reissirup)

✢

AUSSERDEM
Backpapier
1 Twist-off-Glas (ca. 300 ml Inhalt, sterilisiert, siehe S. 44)

✢

FÜR 5 PORTIONEN À 60 G
Zubereitungszeit: 30 Min.
Backzeit: 13 Min.
Pro Portion ca. 75 kcal, 1 g EW, 4 g F, 8 g KH

1 Die Aubergine waschen und trocken tupfen, die Pastinaken schälen und waschen. Die Aubergine längs in 1 cm breite Scheiben, die Pastinaken quer in 1/2 cm dicke Scheiben schneiden. Ein Backblech mit Backpapier auslegen und das Gemüse gleichmäßig darauf verteilen. Mit 1 gestrichenen TL Salz bestreuen und 5 Min. ziehen lassen. Den Backofen auf 250° vorheizen.

2 Den Estragon waschen, trocken schütteln und fein hacken. Die Zitrone auspressen und den Saft beiseitestellen. Die Aubergine mit Küchenpapier trocken tupfen. Das Gemüse mit dem Öl bestreichen und im Ofen (Mitte) 12–13 Min. backen, bis die Pastinaken an den Rändern leicht gebräunt sind.

3 Das Gemüse aus dem Ofen nehmen und mit Harissapaste, Zitronensaft und Agavendicksaft grob pürieren. Es sollte eine leicht stückige Paste entstehen. Den Estragon unterrühren und den Aufstrich mit 1/3 TL Salz abschmecken. Dann in das Glas füllen, verschließen und im Kühlschrank aufbewahren.

MEIN GENUSSTIPP

Die Auberginen-Pastinaken-Mischung schmeckt nicht nur als Aufstrich, sondern verfeinert auch Kartoffelpüree und eignet sich als Dip zu kurz gebratenem Gemüse, Tempeh oder Tofu.

FRÜHSTÜCKSGLÜCK

ICH BIN EIN FAN VON AUFSTRICHEN ALLER ART UND LIEBE AUBERGINEN! DIESER AUFSTRICH LÄSST SICH SCHNELL UND EINFACH ZUBEREITEN UND KANN SOGAR DIREKT IM GLAS EINGEFROREN WERDEN.

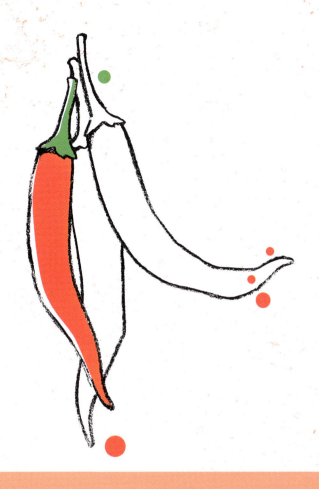

STREETFOOD DE LUXE
SCHNELL WAS AUF DIE HAND

EGAL, OB ICH IM BÜRO ODER AUF REISEN BIN: MEIN GLÜCKS-ESSEN IST IMMER DABEI! VON A WIE »AVOCADO-GURKEN-SALAT« ÜBER S WIE »SUPER-BEAN-BURRITO« BIS Z WIE »ZUCCHINISALAT« – DAS GROSSE SNACKEN KANN BEGINNEN!

DAS GEHT IMMER!

LIEBLINGS-
----- DRESSING -----

DIE EINFACHSTEN DINGE SIND MEIST DIE BESTEN. DARUM BEGLEITET MICH DIESES DRESSING SEIT JAHREN – MIT WECHSELNDEN ÖL- UND ESSIGSORTEN.

1 Die Frühlingszwiebeln waschen, putzen und in große Stücke schneiden. Mit Öl, Essig, Senf, 1/2 TL Salz und 3 – 4 EL Wasser (je nach gewünschter Konsistenz) in einem Rührbecher mit dem Stabmixer fein pürieren.

2 Das Dressing entweder sofort verwenden oder in ein sauberes Schraubglas füllen und im Kühlschrank aufbewahren. Vor der Verwendung noch einmal schütteln und dann zu einem Salat nach Wahl genießen.

5 Frühlingszwiebeln
120 ml natives Olivenöl (ersatzweise Walnuss-, Sesam- oder Leinöl)
90 ml Aceto balsamico (ersatzweise 50 ml Weißweinessig)
1 EL Senf (je nach Geschmack süßer Senf oder Dijonsenf)
Salz

◆

FÜR 4 PORTIONEN
Zubereitungszeit: 5 Min.
Pro Portion ca. 310 kcal, 1 g EW, 31 g F, 6 g KH

MEIN GENUSSTIPP

Dieses Dressing passt zu allen möglichen Salatsorten wie Romanasalat, Lollo bianco und Lollo rosso, Rucola oder Feldsalat. Darüber hinaus schmeckt es aber auch ganz wunderbar als Dip zu gekochten Artischocken. Dafür für 4 Personen 4 mittlere Artischocken waschen und in einem großen Topf in reichlich Salzwasser mit dem Saft von 1 Zitrone je nach Größe 30 – 50 Min. zugedeckt kochen. Sie sind gar, wenn sich die äußeren Blätter leicht ablösen lassen. Die Stielansätze junger Artischocken können Sie vor dem Kochen schälen und später mitessen. Die Stielansätze älterer Artischocken vor dem Kochen abbrechen.

STREETFOOD DE LUXE

MISO-ORANGEN- DRESSING

EIN FRUCHTIGES, WÜRZIGES DRESSING, DAS SEHR GUT ZU BLATTSALATEN PASST, ABER AUCH ZU REINEN GEMÜSE-SALATEN MIT ASIATISCHEM TOUCH.

1 Den Schnittlauch waschen und trocken schütteln, in feine Röllchen schneiden und beiseitestellen. Den Ingwer schälen und sehr fein würfeln oder reiben.

2 Die Orangen auspressen. Den Saft mit Misopaste, Shoyusauce, Kürbiskernöl und Macis mit einem Schneebesen vermischen oder im Dressingshaker schütteln, bis sich die Misopaste aufgelöst hat. Die Schnittlauchröllchen unter das Dressing rühren.

MIT KÜRBIS-KERNÖL

MEIN VERWANDLUNGSTIPP

Dieses Dressing ist relativ fettarm und sehr würzig. Das Kürbiskernöl gibt ihm außerdem eine schöne Farbe. Probieren Sie das Dressing doch auch mal mit fein geschnittenem Zitronengras oder anderen Kräutern. Im Frühjahr können Sie anstelle des Schnittlauchs zum Beispiel auch 1/4 Bund Bärlauch verwenden.

1 Bund Schnittlauch
1 haselnussgroßes Stück Ingwer
2 Orangen (ersatzweise 200 ml Orangensaft)
2 TL helle Shiro-Misopaste (Bioladen)
2 EL Shoyusauce* (ersatzweise Tamari- oder dunkle Sojasauce)
2 EL Kürbiskernöl
1 Msp. Macis (Muskatblüte; ersatzweise frisch geriebene Muskatnuss)

✦

FÜR 4 PORTIONEN
Zubereitungszeit: 5 Min.
Pro Portion ca. 85 kcal, 1 g EW, 5 g F, 7 g KH

SPARGEL-ERBSEN-SALAT
----- AUF MÖHRENCREME -----

FRÜHLING AUF DER GABEL!

FÜR DIE MÖHRENCREME
1,2 kg Möhren
Salz
je 10 Stängel Majoran (ersatzweise Oregano) und Thymian
1 Prise frisch geriebene Muskatnuss
schwarzer Pfeffer aus der Mühle

FÜR DEN SALAT
300 g Spargel (grün oder weiß)
250 g Erbsen (gepalt, ersatzweise TK-Erbsen)
Salz
1 Bio-Zitrone
6 EL Apfelsüße (siehe Rezept S. 18;
ersatzweise 2 EL Agavendicksaft*)
1 TL Korianderkörner
schwarzer Pfeffer aus der Mühle

FÜR DIE BALSAMICO-SCHALOTTEN
4 Schalotten
1 EL neutrales Pflanzenöl zum Braten
4 EL Aceto balsamico
3 EL Apfelsüße (siehe Rezept S. 18;
ersatzweise 1 EL Agavendicksaft*)

AUSSERDEM
4 Twist-off-Gläser (à ca. 500 ml Inhalt, sterilisiert, siehe S. 44)

FÜR 4 PERSONEN
Zubereitungszeit: 30 Min.
Pro Portion ca. 235 kcal, 8 g EW, 6 g F, 35 g KH

1 Für die Creme die Möhren schälen, waschen und in ca. 2 cm dicke Scheiben schneiden. In einem Topf knapp mit Wasser bedecken, salzen und zugedeckt bei mittlerer Hitze in 10 Min. gar kochen.

2 Für den Salat weißen Spargel schälen, grünen Spargel waschen und die holzigen Enden abschneiden. Die Spargelstangen schräg in 1 cm dicke Scheiben schneiden. Erbsen und Spargel knapp mit Salzwasser bedecken und aufkochen. Sofort vom Herd nehmen und ca. 5 Min. im heißen Wasser ziehen lassen. In einem Sieb abgießen, mit kaltem Wasser abschrecken und abtropfen lassen.

3 Die Schalotten schälen und in 3 mm dünne Ringe schneiden. In einer Pfanne 1 EL Öl erhitzen und die Schalottenringe darin 1 Min. bei mittlerer Hitze anbraten. Die Temperatur reduzieren, die Schalotten mit Aceto balsamico und Apfelsüße ablöschen und ca. 1 Min. bei ganz schwacher Hitze ziehen lassen. Dann vom Herd nehmen.

4 Für das Dressing die Zitrone heiß abwaschen, trocken tupfen, die Schale abreiben und den Saft auspressen. Schale, Saft, Apfelsüße und Korianderkörner zu Erbsen und Spargel geben und alles gut vermischen. Mit Salz und Pfeffer abschmecken.

5 Die Kräuter waschen, trocken schütteln und fein hacken. Die Möhren abgießen, kurz ausdampfen lassen und fein stampfen oder mit dem Stabmixer pürieren. Mit Muskatnuss, Salz, 1 TL Pfeffer und den Kräutern verrühren und nochmals mit Salz abschmecken.

6 Die Möhrencreme auf die Gläser verteilen, den Spargelsalat dazugeben und mit den Schalotten toppen.

MEIN GENUSSTIPP
Der Salat schmeckt kalt ebenso gut wie warm. Falls Sie ihn warm genießen möchten: Das verschlossene Glas in ein heißes Wasserbad stellen und zugedeckt ca. 10 Min. bei schwacher Hitze ziehen lassen.

STREETFOOD DE LUXE

SPARGEL IST ECHTES SUPERFOOD: ER IST ÄUSSERST KALORIENARM UND ENTWÄSSERT

DEN KÖRPER AUF NATÜRLICHE WEISE. IN KOMBINATION MIT DEN

ZARTEN ERBSEN UND DER CREMIGEN MÖHRE IST ER MEIN LUNCH-LIEBLING TO GO!

PRINZESSBOHNENSALAT
----- MIT SÜSSKARTOFFELMAYONNAISE -----

MAYO, ABER GESUND!

FÜR DIE MAYONNAISE
200 g Süßkartoffeln
Salz
2 EL weißes Mandelmus* (30 g)
3 EL Olivenöl
1/2 TL Kala Namak*
1 EL Weißweinessig (ersatzweise Apfelessig)
2 TL Ahornsirup (ersatzweise Reissirup oder Agavendicksaft*)
1 TL Senf
schwarzer Pfeffer aus der Mühle

✦

FÜR DEN SALAT
400 g Prinzessbohnen (ersatzweise grüne Bohnen)
2 Stangen Staudensellerie (ca. 150 g)
1 rote Paprikaschote
200 g Erdnusstofu (Supermarkt oder Bioladen; ersatzweise Naturtofu und 2 EL geröstete, ungesalzene Erdnüsse)
2 EL neutrales Pflanzenöl zum Braten

✦

AUSSERDEM
4 Twist-off-Gläser (à ca. 300 ml Inhalt, sterilisiert, siehe S. 44)

✦

FÜR 4 PERSONEN
Zubereitungszeit: 35 Min.
Pro Portion ca. 370 kcal, 12 g EW, 26 g F, 21 g KH

1 Für die Mayonnaise in einem Topf 1,5 l Wasser mit 2 TL Salz zum Kochen bringen. Die Süßkartoffeln schälen und waschen, in 1 cm große Würfel schneiden und im Salzwasser in 5–7 Min. weich kochen. Die Süßkartoffelwürfel mit dem Schaumlöffel herausheben und in einer Schüssel abkühlen lassen.

2 Inzwischen für den Salat die Bohnen waschen, putzen und eventuell halbieren. Im kochenden Salzwasser (von den Süßkartoffeln) ca. 5 Min. blanchieren, in ein Sieb abgießen, mit kaltem Wasser abschrecken und abtropfen lassen. Den Staudensellerie waschen, abtropfen lassen und in 1/2 cm breite Scheiben schneiden. Die Paprika putzen, waschen, abtropfen lassen. Paprika und Tofu und in 1 cm große Würfel schneiden.

3 Das Pflanzenöl in einer Pfanne erhitzen und den Tofu darin in 3–4 Min. rundherum scharf anbraten. Den Sellerie 1 Min. mitbraten. Die Pfanne vom Herd nehmen und den Tofu etwas abkühlen lassen. (Naturtofu ebenfalls scharf anbraten, die Erdnüsse grob hacken und in der letzten Minute mit in die Pfanne geben.)

4 Für die Mayonnaise die Süßkartoffelwürfel mit dem Mandelmus, 140 ml Wasser und Olivenöl fein pürieren. Mit den restlichen Zutaten würzen und Bohnen, Tofu, Sellerieschreiben und Paprikawürfel in einer Schüssel mit der Süßkartoffelmayonnaise vermengen. Mit Salz und Pfeffer abschmecken, zum Mitnehmen in die Gläser füllen und verschließen.

MEIN SUPERFOODSTIPP
Süßkartoffeln haben eine hohe Nährstoffdichte. Sie enthalten viel Vitamin E, Beta-Carotin und Kalium und schmecken dazu auch noch gut. Damit Vitamin E, das die Zellen schützt, und Beta-Carotin, das das Zellwachstum reguliert, vom Körper gut aufgenommen werden können, braucht es etwas Fett. Ideal ist deshalb die Zugabe von Nüssen oder Pflanzenölen.

STREETFOOD DE LUXE

GEKOCHTE SÜSSKARTOFFELN SIND IDEAL FÜR EINE SCHNELLE, CREMIGE UND GESUNDE MANDELMAYONNAISE. MIT VITAMINREICHEN BOHNEN UND NUSSIGEM TOFU ERGIBT DAS EIN VOLLWERTIGES MITTAGESSEN TO GO.

SANDWICH MIT HUMMUS
----- UND CHIMICHURRI -----

MIT VIEL GEMÜSE!

FÜR DEN BELAG
1 großer Zucchino (ca. 300 g)
2 rote oder gelbe Paprikaschoten
4 Zweige Rosmarin
2 EL Olivenöl
Salz

FÜR DAS HUMMUS
1 kleine Dose Kichererbsen (Abtropfgewicht 240 g)
1 kleine Knoblauchzehe
1/2 Zitrone
50 ml Olivenöl
1 EL Sesammus (Tahin)
Salz
schwarzer Pfeffer aus der Mühle

AUSSERDEM
Backpapier
8 Scheiben Vollkornbrot (ersatzweise Graubrot)
4 EL Chimichurri (ca. 60 g; siehe Rezept S. 60)

FÜR 4 SANDWICHES
Zubereitungszeit: 50 Min.
Pro Sandwich ca. 430 kcal, 9 g EW, 22 g F, 42 g KH

1 Für den Belag den Backofen auf 220° vorheizen. Zucchino und Paprikaschoten putzen und waschen. Den Zucchino schräg in 1/2 cm dicke Scheiben schneiden. Die Paprika in ca. 4 cm breite Streifen schneiden. Den Rosmarin waschen, trocken schütteln, die Nadeln vom Stiel zupfen und fein hacken.

2 Öl, Rosmarin und 1/2 TL Salz in einer Schüssel mischen. Das Gemüse dazugeben. Mit den Händen vermengen, bis die Gemüsestreifen rundherum mit der Marinade benetzt sind. Ein Backblech mit Backpapier belegen und das Gemüse samt der Marinade darauf verteilen. 10 – 12 Min. im Ofen (Mitte) garen, bis die Haut der Paprika leicht gebräunt ist.

3 Inzwischen für das Hummus die Kichererbsen in ein Sieb abgießen und abtropfen lassen. Den Knoblauch schälen, Zitronensaft auspressen und beides mit Kichererbsen, Olivenöl und Sesammus fein pürieren. Mit Salz und Pfeffer würzen.

4 Alle Brotscheiben mit je 2 TL Hummus bestreichen, auf 4 Brotscheiben das Gemüse legen, mit je 1 EL Chimichurri beträufeln und mit den restlichen Brotscheiben zu Sandwiches zusammensetzen.

MEINE EXTRATIPPS

Den restlichen Hummus können Sie im Kühlschrank bis zu einer Woche aufbewahren.

Je nach Saison kann dieses Sandwich mit Kürbis, Auberginen, Tomaten oder einfach nur mit viel grünem Salat belegt werden.
Kichererbsen sind ein richtiges Powerfood. Sie sind proteinreich und enthalten besonders viel Eisen, Zink und Magnesium. Falls Sie getrocknete Kichererbsen verwenden, schütten Sie das Einweichwasser unbedingt weg. Hülsenfrüchte enthalten im rohen Zustand Saponine, die für den »Schaum« beim Abbrausen verantwortlich sind und leicht toxisch wirken können. Sind die Hülsenfrüchte gekocht, ist das aber kein Thema mehr!

STREETFOOD DE LUXE

SEHE ICH KICHERERBSEN, DENKE ICH SOFORT AN HUMMUS: DIESER CREMIGE ORIENTALISCHE DIP IST FÜR MICH DER HIMMEL AUF ERDEN. UNSCHLAGBAR GUT MIT MEDITERRANEM GEMÜSE UND WÜRZIGEM CHIMICHURRI!

CHIMICHURRI- ----- DIP -----

ARGENTI-
NISCHER
KLASSIKER

IM SOMMER, WENN IN MEINEM GARTEN DIE ERSTEN PAPRIKASCHOTEN ERNTEREIF SIND, STELLE ICH DIESEN DIP IN GROSSEN MENGEN HER – ALS I-TÜPFELCHEN IN SUPPEN UND SCHNELLEN VINAIGRETTES.

1 Die Petersilie waschen, trocken tupfen und grob hacken. Mit der Chili in einen Mörser geben.

2 Die Limette heiß abwaschen, trocken tupfen, die Schale abreiben und den Saft auspressen. Limettensaft und -schale, Öl, Meersalz und getrocknete Kräuter in den Mörser geben. Das Lorbeerblatt grob zerbröseln und dazugeben. Alles mit dem Stößel zu einer groben Paste verarbeiten. (Die Zutaten können auch mit dem Stabmixer oder im Standmixer grob püriert werden.)

3 Die Zwiebel und den Knoblauch schälen und in feine Würfel schneiden. Die Paprika putzen, waschen und ebenfalls in feine Würfel schneiden. Zwiebel-, Knoblauch- und Paprikawürfel in die Paste im Mörser einarbeiten, sie sollte nicht zu fein werden. (Alternativ mit dem Stabmixer oder im Standmixer mithilfe der Pulse-Taste grob einarbeiten.) Den Dip in das Glas füllen und vor dem Verschließen mit etwas Olivenöl bedecken, damit alles luftdicht versiegelt ist.

1 Bund Petersilie
1 kleine getrocknete Chilischote
1 Bio-Limette
8 EL Olivenöl
je 1 TL grobes Meersalz
getrockneter Thymian und Oregano
1 Lorbeerblatt
1 kleine Zwiebel (ersatzweise Schalotte)
1 Knoblauchzehe
1/2 grüne Paprikaschote (ersatzweise 2 grüne türkische Paprikaschoten, Sivri)

✦

AUSSERDEM
1 Twist-off-Glas (ca. 300 ml Inhalt, sterilisiert, siehe S. 44)
etwas Olivenöl zum Begießen

✦

FÜR 4 PORTIONEN À 50 G
Zubereitungszeit: 15 Min.
Pro Portion ca. 195 kcal, 1 g EW, 21 g F, 2 g KH

STREETFOOD DE LUXE

ZUCCHINISALAT
----- MIT WALNÜSSEN -----

MEIN RETTER AUS DEM MITTAGSTIEF! GEHALTVOLL DURCH WALNÜSSE, SCHÖN FRISCH DURCH SOJAJOGHURT UND DILL.

1 Die Zucchini waschen, längs halbieren, vierteln und entkernen. Zucchini in feine Streifen schneiden. Den Knoblauch schälen und fein hacken.

2 Die Walnüsse grob hacken, in einer Pfanne ohne Öl 2–3 Minuten bei mittlerer Hitze anrösten und dann beiseitestellen. Das Öl in der Pfanne erhitzen und die Zucchini darin ca. 1 Min. bei starker Hitze anbraten. Die Temperatur reduzieren, den Knoblauch hinzufügen und alles ca. 1 Min. bei mittlerer Hitze weiterbraten. Die Pfanne vom Herd nehmen.

3 Die Chili putzen, waschen und in feine Streifen schneiden. Mit dem Joghurt in eine Schüssel geben und mit Salz, Pfeffer, Mandelmus und Agavendicksaft würzen. Die Zucchini und Nüsse unterrühren. Den Dill waschen, trocken schütteln, fein hacken und dazugeben. Den Salat nochmals mit Salz und Pfeffer abschmecken und 1–2 Std. im Kühlschrank durchziehen lassen.

CREMIG, NUSSIG, LECKER!

MEIN SUPERFOODSTIPP

Walnüsse sind zwar sehr fettreich, allerdings sind das einfach und mehrfach ungesättigte Fette, die Superhelden der Glücksküche. Daneben enthalten sie besonders viel Lecithin, das wichtig für die Hirnfunktion ist.

700 g Zucchini
3 Knoblauchzehen
100 g Walnusskerne
1 EL Olivenöl
1/2 rote Chilischote
500 g Sojajoghurt* (ungesüßt)
Salz
schwarzer Pfeffer aus der Mühle
2 EL Mandelmus* (30 g, ersatzweise Cashewmus)
1 TL Agavendicksaft* | 1 Bund Dill

✦

FÜR 4 PERSONEN
Zubereitungszeit: 20 Min.
Ziehzeit: 1–2 Std.
Pro Portion ca. 340 kcal, 13 g EW, 27 g F, 12 g KH

TOMATEN-GRAPEFRUIT-SALAT
----- MIT CHILI-BROKKOLI UND BROTCHIPS -----

DETOX TO GO!

FÜR GEMÜSE UND CHIPS
1 kleiner Brokkoli (ca. 150–200 g)
Salz
1 rote Chilischote
4 sehr dünne Scheiben Vollkornbrot
3 EL geröstetes Sesamöl

FÜR DEN SALAT
500 g bunte Kirschtomaten (rote, gelbe, grüne und dunkelrote, ersatzweise kleine, wilde Tomatensorten)
1/2 Bund Dill
1 große Grapefruit (ca. 300 g)
2 EL Agavendicksaft* (ersatzweise Ahornsirup oder 2 TL Dattelpaste, siehe Rezept S. 19)
Salz
schwarzer Pfeffer aus Mühle
1 TL Senf
2 EL Olivenöl

AUSSERDEM
4 Twist-off-Gläser (à ca. 300 ml Inhalt, sterilisiert, siehe S. 44)

FÜR 4 PERSONEN
Zubereitungszeit: 30 Min.
Pro Portion ca. 220 kcal, 4 g EW, 13 g F, 21 g KH

1 Für das Gemüse den Brokkoli waschen und putzen. Den Stiel abschneiden, schälen und in 1/2 cm breite Scheiben schneiden. Den Rest in mundgerechte Röschen teilen. 1,5 l Wasser in einem Topf zum Kochen bringen, salzen, Brokkoli dazugeben und ca. 3 Min. zugedeckt kochen. Den Brokkoli in ein Sieb abgießen, mit kaltem Wasser abschrecken und abtropfen lassen.

2 Für den Salat die Tomaten waschen, trocken tupfen und halbieren. Den Dill waschen, trocken schütteln und fein hacken. Die Grapefruit schälen, filetieren, den Saft dabei auffangen. Die Filets zu den Tomaten geben. Den Saft mit Agavendicksaft, 1/2 TL Salz, 1 TL Pfeffer, Senf und Öl zum Dressing mixen, über die Grapefruit-Tomaten-Mischung gießen. Mischen und ziehen lassen.

3 Für die Chips die Chilischote putzen, waschen und in feine Ringe schneiden. Das Brot in ca. 5 x 5 cm große Stücke schneiden. Das Sesamöl in einer Pfanne erhitzen und das Brot darin in 4–5 Min. knusprig anbraten, zwischendurch wenden. Herausnehmen und auf Küchenpapier entfetten. Brokkoli und Chiliringe in die Pfanne geben und 2 Min. anbraten, dabei ab und zu umrühren.

4 Den Salat auf die Gläser verteilen, den Brokkoli darübergeben und die Brotchips extra verpacken.

MEINE SUPERFOODSTIPPS

Grünes Gemüse hat Superkräfte, und Brokkoli macht da keine Ausnahme. Er ist besonders kalziumreich, steckt voller Vitamine und Antioxidantien und muss nur kurz blanchiert oder gedämpft werden.

Grapefruits enthalten Bitterstoffe, und die haben es in sich! Sie regen den Stoffwechsel an, sind sättigend und wirken basisch. Wenn Sie zucker- und fettreich gesündigt haben, unterstützen diese Bitterstoffe den Körper dabei, wieder ins basische Gleichgewicht zu finden.

STREETFOOD DE LUXE

ENTGIFTEND, SÄTTIGEND, STOFFWECHSELANREGEND UND BUNT – DIESER SALAT KOMMT IMMER MAL WIEDER IN MEINE LUNCHBOX. ZUSAMMEN MIT DEN BROTCHIPS IST ER EIN LEICHTES, GESUNDES MITTAGESSEN.

HIRSESALAT

----- MIT KÜRBIS UND LIMETTENDRESSING -----

SCHNELLER HERBST-SALAT

FÜR DEN KÜRBIS
400 g Hokkaidokürbis (ersatzweise Butternutkürbis)
4 EL Olivenöl | Salz
3 Zimtstangen | 5 Sternanise

FÜR DEN HIRSESALAT
300 g Vollkornhirse | Salz
1 Bio-Limette
1 EL Weißweinessig
1 EL Agavendicksaft*
2 EL Olivenöl
1 Knoblauchzehe
1 Bund Petersilie
1 rote Paprikaschote
schwarzer Pfeffer aus der Mühle

AUSSERDEM
Backpapier
4 Twist-off-Gläser (à ca. 300 ml Inhalt, sterilisiert, siehe S. 44)
4 EL Chimichurri (nach Belieben; siehe Rezept S. 60)

FÜR 4 PERSONEN
Zubereitungszeit: 35 Min.
Backzeit: 15–20 Min.
Pro Portion ca. 450 kcal, 9 g EW, 18 g F, 61 g KH

1 Den Backofen auf 200° vorheizen. Den Hokkaido waschen, halbieren und die Kerne mit einem Löffel entfernen. Hokkaido mit Schale in ca. 1 cm breite Spalten schneiden. (Butternutkürbis vorher schälen.)

2 Ein Backblech mit Backpapier auslegen und die Kürbisspalten darauflegen. Das Olivenöl mit 1 gestrichenen TL Salz verrühren, zu den Kürbisspalten geben und mit den Händen gründlich mischen. Den Kürbis gleichmäßig auf dem Blech auslegen, die Zimtstangen in der Mitte durchbrechen und mit dem Sternanis zwischen den Spalten verteilen. Im Ofen (Mitte) 15–20 Min. backen, bis die Kürbisspalten an den Rändern knusprig braun und in der Mitte schön weich sind.

3 Inzwischen für den Salat die Hirse in ein Sieb geben und heiß abbrausen. Die Hirse mit 600 ml Salzwasser in einem Topf aufkochen und bei ganz schwacher Hitze 5 Min. zugedeckt köcheln. Den Herd ausschalten und die Hirse auf der warmen Herdplatte nachquellen lassen.

4 Für das Dressing die Limette heiß abwaschen und trocken tupfen. Die Schale abreiben und den Saft auspressen. Beides mit Essig, Agavendicksaft und Öl in einer großen Schüssel vermischen. Den Knoblauch schälen und dazupressen oder fein würfeln und dazugeben.

5 Die Petersilie waschen, trocken schütteln, 4 schöne Spitzen abzupfen und beiseitelegen. Die restliche Petersilie fein hacken. Die Paprika putzen, waschen und in feine Würfel schneiden. Hirse, Petersilie und Paprika mit dem Dressing mischen. Mit Salz und Pfeffer abschmecken.

6 Zum Mitnehmen den Hirsesalat auf die Gläser verteilen und die gebackenen Kürbisspalten darauflegen. Mit den Petersilienspitzen garnieren und nach Belieben Chimichurri über die Kürbisspalten träufeln.

MEINE SUPERFOODSTIPPS

Das »Pseudogetreide« Hirse ist glutenfrei und enthält Zink, Eisen, Silizium und einige B-Vitamine.

Kürbis ist reich an Carotin und unterstützt den Körper bei der Bildung von Vitamin A, das die Schleimhäute aufbaut. Mit dem Vitamin C aus der Limette ist dieser Salat ein richtiger Booster für das Immunsystem.

STREETFOOD DE LUXE

SCHARFE TEMPEHWÜRSTCHEN
----- MIT APFEL-CURRY-KETCHUP -----

FRUCHTIG SCHARF!

FÜR DIE WÜRSTCHEN
100 g Sonnenblumenkerne
1 kleine getrocknete Chilischote
(ersatzweise 1/3 TL Chiliflocken)
160 g Tempeh*
1/2 TL gemahlener Kreuzkümmel
2 TL Schwarzkümmelsamen
2 TL geräuchertes Paprikapulver (z. B. Paprika de la Vera; ersatzweise edelsüßes Paprikapulver)
80 g Kichererbsenmehl (Bioladen)
4 EL Sojasauce* (ersatzweise Shoyu- oder Tamarisauce)
50 ml Pflanzenmilch* (ersatzweise Nussmilch)
4 Zweige Thymian
2 EL neutrales Pflanzenöl zum Braten

FÜR DEN KETCHUP (CA. 450 G)
3 Äpfel (ca. 400 g)
1 große Zwiebel
1 EL neutrales Pflanzenöl zum Braten
3 EL Tomatenmark (ca. 80 g)
1 TL Currypaste Madras (ersatzweise andere Currypaste)
Salz
2–3 EL Weißweinessig
1 Prise Zimtpulver

AUSSERDEM
1 Twist-off-Glas (ca. 500 ml Inhalt, sterilisiert, siehe S. 44)

FÜR 4 PERSONEN
Zubereitungszeit: 35 Min.
Garzeit: 40 Min.
Pro Portion ca. 415 kcal, 19 g EW, 25 g F, 28 g KH

1 Für die Würstchen die Sonnenblumenkerne in einer Pfanne ohne Öl bei mittlerer Hitze goldbraun anrösten. Chili grob hacken, den Tempeh mit den Händen grob zerbröseln. Die abgekühlten Kerne, Chili und Tempeh mit den Gewürzen in der Küchenmaschine oder dem Blitzhacker mit der Pulse-Taste zu einer groben Masse verarbeiten. (Oder alles mit einem scharfen Messer hacken, dann die Gewürze untermischen.)

2 Die Masse in eine Schüssel geben, Kichererbsenmehl, Sojasauce und Pflanzenmilch dazugeben und alles gut mischen. Den Thymian waschen, trocken schütteln, die Blätter vom Stiel streifen und fein hacken. Den Thymian zur Tempehmasse geben und alles mit den Händen zu einer klebrigen, homogenen Masse kneten.

3 Von der Masse 1 gehäuften EL abstechen und mittig auf ein Stück Frischhaltefolie (25 cm lang) legen. Mit feuchten Händen grob zu einem 7 cm langen Rolle (ca. 1 1/2 cm Ø) formen. Die Folie wie einen Bonbon fest einrollen und an den Seiten verzwirbeln, sodass ein Würstchen entsteht. Auf diese Weise 12 Würstchen herstellen. Die Würstchen 40 Min. zugedeckt über Wasserdampf (im Dampfgarer oder im Topf mit Dämpfeinsatz) garen, abkühlen lassen und aus der Folie wickeln.

4 Inzwischen für den Ketchup die Äpfel waschen, das Kerngehäuse entfernen und das Fruchtfleisch grob würfeln. Die Zwiebel schälen und fein würfeln.

5 In einem Topf 1 EL Öl erhitzen, die Zwiebel darin bei starker Hitze ca. 1 Min. andünsten. Tomatenmark und Currypaste dazugeben und unter Rühren 1 Min. mitdünsten. Die Äpfel, 2 TL Salz und 250 ml Wasser dazugeben und zugedeckt bei ganz schwacher Hitze ca. 30 Min. köcheln lassen, dabei ab und zu umrühren. Dann alles pürieren und mit Essig und 1 Prise Zimtpulver abschmecken. Den Ketchup in das Glas füllen.

6 Kurz vor dem Servieren 2 EL Öl in einer Pfanne erhitzen und die Würstchen darin rundherum 3–4 Min. bei mittlerer Hitze anbraten. Die Würstchen mit dem Ketchup servieren.

STREETFOOD DE LUXE

TEMPEH GEHÖRT ZU MEINEN LIEBLINGSEIWEISS-LIEFERANTEN UND PUNKTET HIER IN »WÜRSTCHENFORM«. ZUSAMMEN MIT DEM FRUCHTIGEN KETCHUP WIRD DARAUS EIN LECKERER SNACK.

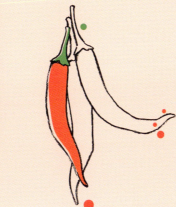

GRÜNKOHL-SESAM-BÄLLCHEN
----- MIT BUNTEM CHILI-INGWER-DRESSING -----

JETZT WIRD'S BUNT!

FÜR DIE BÄLLCHEN
1 EL geschroteter Leinsamen
100 g Grünkohl (ersatzweise Schwarzkohl)
1/2 Zwiebel
2 EL neutrales Pflanzenöl zum Braten
100 g Kichererbsenmehl
Salz
1/2 TL getrockneter Oregano
1/2 TL rosenscharfes Paprikapulver
50 ml Pflanzenmilch* (z. B. Hafer-, Dinkel- oder Nussmilch)
50 g helle, ungeschälte Sesamsamen

✦

FÜR DAS DRESSING
je 1 rote, gelbe und grüne Chilischote
1 walnussgroßes Stück Ingwer
1 Bio-Zitrone
100 ml Olivenöl

✦

AUSSERDEM
500 ml neutrales Pflanzenöl zum Frittieren

✦

FÜR 4 PERSONEN
Zubereitungszeit: 20 Min.
Quellzeit: 20 Min.
Pro Portion ca. 505 kcal, 10 g EW, 43 g F, 18 g KH

1 Für die Bällchen Leinsamen mit 1 EL Wasser verrühren und quellen lassen. Den Grünkohl waschen, trocken schleudern und die harten Strünke entfernen. Den Grünkohl mit einem Messer sehr fein hacken oder in der Küchenmaschine fein häckseln. Die Zwiebel schälen und in kleine Würfel schneiden.

2 In einer Pfanne 2 EL Öl erhitzen. Zwiebel und Grünkohl darin ca. 2 Min. unter Rühren bei mittlerer Hitze anbraten. Die Zwiebelmischung in einer Schüssel mit Kichererbsenmehl, Leinsamen, 1 TL Salz, Oregano, Paprika und Pflanzenmilch verrühren. Alles ca. 20 Min. bei Zimmertemperatur quellen lassen.

3 Inzwischen für das Dressing die Chilis putzen, waschen und in sehr kleine Würfel schneiden. Den Ingwer schälen und fein reiben. Die Zitrone heiß abwaschen, trocken tupfen und die Schale abreiben oder mit einem Zestenreißer abziehen. Chilis, Ingwer und Zitronenschale mit 100 ml Olivenöl mischen und beiseitestellen.

4 In einem kleinen Topf 500 ml Öl erhitzen. Aus der Grünkohlmischung 16 Bällchen formen: Dazu je 1 leicht gehäuften TL von der Masse abstechen und mit angefeuchteten Händen rund drehen. Die Bällchen rundherum im Sesam wenden und portionsweise ca. 3 Min. bei mittlerer Hitze im Öl frittieren. Auf Küchenpapier entfetten und mit dem Dressing servieren.

MEINE AUSTAUSCH- UND GENUSSTIPPS

Anstelle von Grünkohl können Sie diese Snackbällchen auch mit Wirsing herstellen.

Die Bällchen schmecken übrigens auch kalt und sind ideal für die Lunchbox. Zum Mitnehmen füllen Sie das Dressing in ein kleines Glas und träufeln es erst kurz vor dem Servieren über die Bällchen.

STREETFOOD DE LUXE

IM WINTER BETRITT DIE DIVA DER BLATTGEMÜSE DIE BÜHNE: GRÜNKOHL. DIE BLÄTTER SIND WAHRE VITAMINBOMBEN, WESHALB DIESER KOHL SCHON IN OMAS SUPERFOOD-SCHATZTRUHE EINEN FESTEN PLATZ HATTE.

CHICORÉESALAT
----- MIT BIRNEN UND PHYSALIS -----

SO MACHT DER WINTER SPASS!

4 EL ungeschälte Hanfsamen* (Bioladen)
400 g Chicorée
300 g feste Birnen
100 g Physalis
1 EL neutrales Pflanzenöl zum Braten
1 Bio-Orange
2 EL Agavendicksaft* (ersatzweise Ahornsirup)
1 EL getrocknete Gojibeeren (Bioladen)
2 TL Weißweinessig (ersatzweise Apfelessig)
Salz
schwarzer Pfeffer aus der Mühle
1 kleines Bund Schnittlauch

♦

FÜR 4 PERSONEN
Zubereitungszeit: 30 Min.
Pro Portion ca. 155 kcal, 4 g EW, 6 g F, 20 g KH

1 Die Hanfsamen in einer Pfanne ohne Öl ca. 2 Min. bei mittlerer Hitze rösten, bis die Samen knistern. Die Pfanne vom Herd nehmen und die Samen beiseitestellen.

2 Den Chicorée waschen und ggf. die äußeren Blätter entfernen. Den Chicorée quer in feine Streifen schneiden, den Strunk aussparen. Die Birnen waschen, abtropfen lassen, vierteln und die Kerngehäuse entfernen. Birnenviertel in ca. 5 mm dicke Spalten schneiden. Die Blätter und Stiele der Physalis entfernen, Beeren waschen, trocken tupfen und halbieren.

3 Das Öl in einer Pfanne erhitzen und die Birnenspalten darin 2 Min. bei mittlerer Hitze anbraten. Die Physalishälften dazugeben und 1 Min. weiterbraten, dann vom Herd nehmen und abkühlen lassen.

4 Die Orange heiß abwaschen, trocken tupfen und die Schale abreiben oder mit einem Zestenreißer abziehen. Den Saft auspressen und mit der Schale, dem Agavendicksaft und den Gojibeeren mischen. Den Essig, die gebratenen Früchte und die Chicoréestreifen dazugeben. Den Salat mischen und mit Salz und Pfeffer würzen.

5 Den Schnittlauch waschen, trocken schütteln und in feine Ringe schneiden. Die Schnittlauchringe unter den Salat heben, den Salat auf vier Schälchen oder Gläser verteilen und die gerösteten Hanfsamen darüberstreuen.

MEINE SUPERFOODSTIPPS

Chicorée enthält wertvolle Bitterstoffe. Was die alles können? Blättern Sie mal zum Tipp beim Tomaten-Grapefruit-Salat (siehe S. 62). Damit Chicorée etwas milder wird, können Sie die Blätter vor dem Verarbeiten kurz in lauwarmes Wasser legen. Ich verzichte allerdings darauf und kombiniere sie lieber mit der natürlichen Süße aus Physalis und Gojibeeren und bringe so noch jede Menge zusätzliche Vitamine in den Salat.

Die gerösteten Hanfsamen sorgen für Biss und sind reich an Vitaminen der Gruppe B und E, Mineralstoffen wie Kalzium, Magnesium und Eisen, sowie essenziellen Amino-, Omega-3- und 6-Fettsäuren.

STREETFOOD DE LUXE

GURKEN-AVOCADO-SALAT
---- MIT REISNUDELN UND MEERESSPAGHETTI ----

CREMIG-FRISCH

10 g Meeresspaghetti (Algennudeln; Bioladen oder Internet)
1 Salatgurke
Salz
2 Frühlingszwiebeln
5 Stängel Koriandergrün
1/2 Bund Dill
1 TL neutrales Pflanzenöl zum Braten
1 Bio-Limette
100 g dünne Vollkornreisnudeln oder Glasnudeln
1 Avocado (Sorte »Hass«)
2 TL rosa Pfefferbeeren
1 TL Schwarzkümmelsamen (Bioladen, türkischer Supermarkt)
2 TL helle, ungeschälte Sesamsamen
60 g getrocknete Aprikosen

♦

AUSSERDEM
4 Twist-off-Gläser (à ca. 500 ml Inhalt, sterilisiert, siehe S. 44)

♦

FÜR 4 PERSONEN
Zubereitungszeit: 35 Min.
Pro Portion ca. 295 kcal, 3 g EW, 17 g F, 32 g KH

1 Die Meeresspaghetti kurz unter fließendem kaltem Wasser abbrausen, knapp mit kaltem Wasser bedecken und ca. 15 Min. oder nach Packungsanweisung einweichen. Inzwischen die Salatgurke waschen und mit einem Sparschäler in sehr dünne, lange Streifen schneiden, dabei das wässrige Innere aussparen. Die Gurken in einer Schüssel mit 1 gestrichenen TL Salz gut vermischen und ca. 10 Min. Wasser ziehen lassen.

2 Die Frühlingszwiebeln und die Kräuter waschen und trocken schütteln. Die Frühlingszwiebeln längs in dünne Streifen schneiden und in 1 TL Öl ca. 2 Min. bei mittlerer Hitze in einer Pfanne andünsten, danach vom Herd nehmen. Von den Kräutern einige schöne Spitzen abzupfen und beiseitelegen. Die restlichen Kräuter fein hacken. Die Limette heiß abwaschen, trocken tupfen, die Schale abreiben und den Saft auspressen.

3 Die Meeresspaghetti abgießen, in frischem Wasser aufkochen und in ca. 5 Min. bei mittlerer Hitze gar kochen. Den Topf vom Herd nehmen, die Nudeln dazugeben und ca. 5 Min. ziehen lassen.

4 Gurkenwasser und Limettensaft vermischen. Die Avocado entkernen, das Fruchtfleisch mit einem Löffel aus der Schale heben. Zur Gurkenwasser-Limettensaft-Mischung geben und fein pürieren.

5 Die Meeresspaghetti und Reisnudeln abgießen und zu den Gurken geben. Die Avocadocreme unterheben und alles noch mal mit Salz abschmecken. Die Pfefferbeeren unterheben. Schwarzkümmel und Sesam mischen. Die Aprikosen fein hacken. Den Salat mit einer Gabel aufrollen und auf die Gläser (zum Mitnehmen) oder auf Teller verteilen. Mit der Schwarzkümmel-Sesam-Mischung und den getrockneten Aprikosen bestreuen und mit den Kräuterspitzen garnieren.

MEIN PRAXISTIPP

Meeresspaghetti oder Algen allgemein finden Sie im Bioladen. Sie schmecken für den europäischen Gaumen zunächst gewöhnungsbedürftig, weil sehr nach »Meer«. Sie können darum den Anteil der Algen in diesem Gericht auch schrittweise erhöhen und z. B. mit 5 g anfangen. Algen sollten hin und wieder auf dem Glücksspeiseplan stehen, weil sie eine hohe Konzentration an Vitaminen und Mineralien sowie eine entgiftende Wirkung haben. Da Algen sehr viel Jod enthalten, sollten sie aber nicht täglich über einen längeren Zeitraum gegessen werden.

STREETFOOD DE LUXE

AVOCADOS SIND KÖSTLICHE KLEINE KRAFTPAKETE, DIE VIELE MEHRFACH UNGESÄTTIGTE

FETTSÄUREN ENTHALTEN. ZUSAMMEN MIT FRISCHER GURKE,

SÜSSEN APRIKOSEN UND DEN MEERESSPAGHETTI SCHMECKT'S NACH ME(E)HR!

SAUERKRAUTSANDWICH
---- MIT AVOCADOCREME ----

FÜR DEN BELAG
250 g frisches Sauerkraut (Bioladen; ersatzweise Sauerkraut aus der Dose)
120 g Räuchertofu*
2 EL neutrales Pflanzenöl zum Braten
2 Msp. gemahlener Kreuzkümmel
schwarzer Pfeffer aus der Mühle

FÜR DIE AVOCADOCREME
1 Avocado (Sorte »Hass«)
1 EL Limettensaft
50 g Mandelmus* (ersatzweise Cashewmus)
1/2 TL Kala Namak* (ersatzweise Salz)
Salz (nach Belieben)

AUSSERDEM
4 Vollkornbrötchen

FÜR 4 PERSONEN
Zubereitungszeit: 15 Min.
Koch- und Quellzeit: 1 Std.
Pro Portion ca. 365 kcal, 11 g EW, 29 g F, 15 g KH

1 Das Sauerkraut in einem feinen Sieb abtropfen lassen. Den Räuchertofu in 2–3 mm dicke Scheiben schneiden. In einer Pfanne 1 EL Öl erhitzen und den Tofu darin von beiden Seiten 1–2 Min. bei starker Hitze anbraten, bis er kross ist. Die Scheiben herausnehmen und auf Küchenpapier entfetten.

2 Die Temperatur auf mittlere Hitze reduzieren. 1 EL Öl in die Pfanne geben und das Sauerkraut darin 1–2 Min. anbraten. Dann den Kreuzkümmel dazugeben und mit Pfeffer abschmecken.

3 Für die Creme die Avocado halbieren, den Kern entfernen und das Fruchtfleisch aus der Schale heben. Mit Limettensaft, Mandelmus und Kala Namak fein pürieren. Nach Belieben mit Salz abschmecken.

4 Die Vollkornbrötchen aufschneiden, nach Belieben von innen leicht antoasten und die Creme auf jeweils einer Brötchenhälfte verteilen. Den Räuchertofu fächerförmig auf die Creme legen, mit dem Sauerkraut toppen und die Brötchen zuklappen.

SAUERKRAUT MAG ICH AM LIEBSTEN FRISCH AUS DER KÜHLTHEKE. DANK FERMENTATION IST ES PROBIOTISCH, HILFT ALSO DABEI, DIE DARMFLORA ZU VERBESSERN. ES ENTHÄLT ZUDEM VIEL VITAMIN C UND IST NEBENBEI UNHEIMLICH LECKER!

BOHNENCREMESUPPE
----- MIT AMARANT-KNUSPERPOPS -----

CLEVER AUFGEKNUSPERT!

FÜR DIE SUPPE
2 Dosen weiße Riesenbohnen (Abtropfgewicht je 240 g; ersatzweise weiße Bohnen)
5 Frühlingszwiebeln
1 EL neutrales Pflanzenöl zum Braten
3 Knoblauchzehen
100 ml trockener Weißwein
250 g Sojasahne zum Kochen
500 ml Gemüsefond (ersatzweise Wasser)
1 EL Agavendicksaft*
2 EL Zitronensaft
1/2–1 TL Rauchsalz* (ersatzweise Meersalz)
1 Msp. frisch geriebene Muskatnuss
schwarzer Pfeffer aus der Mühle
Salz
3 Zweige (Zitronen-)Thymian

FÜR DIE KNUSPERPOPS
2 EL Amarant
1 Knoblauchzehe
1 Spritzer neutrales Pflanzenöl

FÜR 4 PERSONEN
Zubereitungszeit: 20 Min.
Pro Portion ca. 355 kcal, 8 g EW, 19 g F, 33 g KH

1 Für die Suppe die Bohnen in ein Sieb gießen, abbrausen und abtropfen lassen. Die Frühlingszwiebeln waschen, putzen und in grobe Stücke schneiden. In einem Topf 1 EL Öl erhitzen und die Frühlingszwiebeln darin ca. 1 Min. andünsten. Den Knoblauch schälen, dazugeben und kurz mitdünsten. Weißwein, Sojasahne, Fond, Agavendicksaft und Zitronensaft hinzufügen und die Bohnen zugedeckt ca. 5 Min. köcheln lassen.

2 Inzwischen für die Knusperpops einen kleinen Topf bei starker Hitze auf dem Herd vorwärmen. Die Temperatur auf mittlere Hitze reduzieren. 1 EL Amarant in den Topf geben und den Deckel auflegen. Den Amarant poppen lassen, dabei den Topf gelegentlich leicht rütteln. Die Knusperpops herausnehmen und den Vorgang mit dem restlichen Amarant wiederholen. Knoblauch schälen, sehr fein schneiden und mit 1 Spritzer Öl unter die Knusperpops mischen.

3 Die Bohnen mitsamt der Flüssigkeit mit dem Stabmixer oder im Küchenmixer fein pürieren. Sollte die Suppe zu dick sein, mehr Gemüsebrühe oder Wasser hinzufügen. Mit Rauchsalz, Muskat, Pfeffer und eventuell noch etwas Salz abschmecken. Den (Zitronen-)Thymian waschen, trocken schütteln und die Blättchen abzupfen. Die Suppe auf vier Tassen oder tiefe Teller verteilen, mit den Knusperpops bestreuen und dem Thymian garnieren.

MEINE SUPERFOODSTIPPS

Weiße Bohnen und Hülsenfrüchte im Allgemeinen sind Nährstoffbomben. Sie sind fettarm, proteinreich, enthalten viel Kalium und Folsäure und sind ein sehr guter Eisenlieferant. Außerdem regen Hülsenfrüchte die Darmtätigkeit an, mit den bekannten, leider oft unangenehmen Nebenwirkungen. Die lassen sich aber durch Zugabe von Kümmel abschwächen. Da ich allerdings kein großer Fan des »klassischen Kümmels« bin, greife ich gern auf Schwarzkümmel zurück.

Wenn man regelmäßig Hülsenfrüchte isst, sind sie – nach meiner Erfahrung – ebenfalls bekömmlicher. In einer Zeit voller Fastfood und vieler leerer Kohlenhydrate braucht unser Körper eine Weile, um sich wieder an gesunde, vollwertige Lebensmittel zu gewöhnen.

STREETFOOD DE LUXE

CREMIG-WÜRZIGE BOHNENSUPPE KENNT JEDER UND MAG JEDER. DER CLOU BEI DIESEM REZEPT SIND DIE NUSSIGEN UND KNOBLAUCHSTARKEN AMARANT-POPS.

BLUMENKOHLSÜPPCHEN
----- MIT ROTKOHL-ARGAN-SALAT -----

GELB UND WARM WIE DIE SONNE

FÜR DEN SALAT
800 g Rotkohl
Salz
2 Schalotten (ersatzweise kleine Zwiebeln)
1 Bio-Zitrone
2 EL Arganöl (ersatzweise Nussöl)
3 EL Agavendicksaft*
schwarzer Pfeffer aus der Mühle
1/2 TL gemahlener Koriander

FÜR DIE SUPPE
1 kg Blumenkohl
1 erbsengroßes Stück Kurkuma (Asienladen; ersatzweise 1 TL Kurkumapulver)
2 große Bio-Orangen
3 EL weißes Mandelmus* (45 g)
Salz
schwarzer Pfeffer aus der Mühle

FÜR 4 PERSONEN
Zubereitungszeit: 40 Min.
Ziehzeit: 30 Min.
Pro Portion ca. 245 kcal, 8 g EW, 13 g F, 24 g KH

1 Für den Salat den Rotkohl putzen und vierteln. Die Viertel in sehr feine Streifen schneiden und mit 2 TL Salz in eine große Schüssel geben. Das Salz mit den Händen unterheben und den Rotkohl dabei leicht kneten.

2 Die Schalotten schälen und in sehr feine Würfel schneiden. Die Zitrone heiß abwaschen, trocken tupfen. Die Schale abreiben, den Saft auspressen und mit Arganöl, Agavendicksaft, Pfeffer, Koriander und Schalottenwürfeln vermengen. Unter den Rotkohl heben und abgedeckt ziehen lassen.

3 Für die Suppe den Blumenkohl waschen, putzen und in Röschen teilen. 200 g kleine Röschen beiseitelegen. Die Kurkuma schälen. Die größeren Blumenkohlröschen mit der Kurkuma in einen Topf mit 1 l Salzwasser geben und zugedeckt bei mittlerer Hitze in ca. 15 Min. weich köcheln. Die Orange heiß abwaschen und trocken tupfen. Die Schale abreiben oder mit einem Zestenreißer abziehen, den Saft auspressen.

4 Die Kurkuma entfernen. Das Mandelmus und den Orangensaft zum Blumenkohl geben und alles fein pürieren. Mit Salz und Pfeffer würzen. Die kleinen Blumenkohlröschen dazugeben und die Suppe weitere 15 Min. bei ganz schwacher Hitze ziehen lassen. Inzwischen den Rotkohlsalat mit Salz abschmecken.

5 Die Suppe auf vier Teller verteilen und mit dem Rotkohlsalat toppen oder in Schälchen getrennt dazu servieren. Mit etwas Pfeffer bestreuen.

MEIN SUPERFOODSTIPP

Als Gewürz schenkt Kurkuma Gerichten eine schöne sonnige Farbe. Die Gelbwurz, wie sie auch genannt wird, hat aber auch eine antioxidative und entzündungshemmende Wirkung, die ich oft nutze – nicht nur im Winter! Wenn es im Hals kratzt, gieße ich ein haselnussgroßes Stück Kurkuma (oder 1 gestrichenen TL Kurkumapulver) mit 250 ml kochendem Wasser auf, lasse es ca. 5 Min. ziehen und abkühlen. Dann gebe ich den Saft von 1/2 Zitrone dazu. Den Kurkumatee trinke ich mehrmals täglich. So haben Erkältungen keine Chance!

STREETFOOD DE LUXE

MEINE LIEBLINGSWINTERSUPPE! DIE FARBE ERINNERT MICH AN DIE SONNE, UND DIE GESUNDHEITLICHE WIRKUNG VON KURKUMA IST EINFACH UNVERGLEICHLICH.

SELLERIEBRÜHE
----- MIT PAK CHOI -----

WÄRMEND UND PUR

FÜR DIE BRÜHE
1 große Zwiebel (ersatzweise Gemüsezwiebel)
2 Möhren
2 Stangen Staudensellerie
1 EL neutrales Pflanzenöl zum Braten
Salz
1 TL schwarze Pfefferkörner

FÜR DIE EINLAGE
2 Möhren
5 Stangen Staudensellerie
4 Frühlingszwiebeln
100 g Pak Choi (ersatzweise Mangold)
1 kleines Bund glatte Petersilie

FÜR 4 PERSONEN
Zubereitungszeit: ca. 50 Min.
Pro Portion ca. 85 kcal, 4 g EW, 3 g F, 10 g KH

1 Für die Brühe nur die lose äußere Schale der Zwiebel entfernen, Zwiebel halbieren. Die Möhren mit einer Gemüsebürste gründlich unter fließendem Wasser putzen und in grobe, ca. 6 cm große Stücke schneiden. Den Staudensellerie waschen und die Stangen quer dritteln.

2 Das Öl in einem Topf bei mittlerer Hitze erwärmen, die Zwiebelhälften darin mit der Schnittfläche nach unten in ca. 2 Min. goldbraun anrösten. Das restliche Gemüse dazugeben und 2 l kaltes Wasser angießen. 1 leicht gehäuften TL Salz und Pfefferkörner dazugeben, zugedeckt aufkochen und ca. 30 Min. bei mittlerer Hitze köcheln. Das Gemüse und die Pfefferkörner danach aus der Brühe nehmen und entsorgen.

3 Inzwischen für die Einlage Möhren, Sellerie, Frühlingszwiebeln und Pak Choi waschen und putzen. Möhren schräg in 5 mm dicke Scheiben teilen, Sellerie schräg in 1 cm breite Scheiben. Frühlingszwiebeln in feine Ringe und Pak-Choi-Blätter und -Stiele getrennt voneinander in feine Streifen schneiden.

4 Möhren und Sellerie in die Brühe geben und 10 Min. zugedeckt bei mittlerer Hitze köcheln. Die Pak-Choi-Stiele dazugeben und zugedeckt bei ganz schwacher Hitze 5 Min. mitköcheln. Den Topf vom Herd nehmen, Pak-Choi-Blätter und Frühlingszwiebeln dazugeben und alles weitere 2 – 3 Min. ziehen lassen. Die Petersilie waschen, trocken schütteln und grob hacken. Die Brühe auf vier Teller verteilen und mit Petersilie bestreuen.

MEIN PRAXISTIPP
Suppe to go geht ganz einfach: Die Suppe am Vorabend zubereiten, morgens noch mal kurz erhitzen und heiß in eine Thermoskanne füllen. Das geht superschnell, und man ist im Büro oder unterwegs für eine gesunde Mahlzeit gut gerüstet.

STREETFOOD DE LUXE

ICH LIEBE GEMÜSEBRÜHE, UND AN DIESER KANN ICH MICH NICHT SATTESSEN.

ALS BASIS WIRD GEMÜSE AUSGEKOCHT.

DIE EINLAGE HINGEGEN GART NUR GANZ KURZ UND BLEIBT SCHÖN BISSFEST.

SCHARFE MISO-NUDELSUPPE
----- MIT PILZEN -----

IN 20 MIN. FIX UND FERTIG!

300 g Austernpilze (ersatzweise Shiitake)
50 g Lauch
1 rote Zwiebel
1 rote, grüne oder gelbe Chilischote
2 Umeboshi (eingelegte Salzaprikosen; aus dem Bio- oder Asienladen; nach Belieben)
2 EL geröstetes Sesamöl (ersatzweise neutrales Pflanzenöl zum Braten)
1 l Gemüsebrühe
2 TL helle Shiro-Misopaste (Bioladen)
4 EL Shoyusauce* (ersatzweise Tamari- oder dunkle Sojasauce)
100 g Spitzkohl (ersatzweise Chinakohl)
200 g dünne Vollkornreisnudeln (ersatzweise Glasnudeln)
2 Msp. Zimtpulver
2 TL Agavendicksaft* (ersatzweise Ahorn- oder Reissirup)
1/2 Zitrone
1/2 Bund Koriandergrün

◆

FÜR 4 PERSONEN
Zubereitungszeit: 20 Min.
Pro Portion ca. 275 kcal, 4 g EW, 5 g F, 49 g KH

1 Die dickeren Stiele der Austernpilze abschneiden und die Pilze in 1/2 cm breite Streifen schneiden. Den Lauch längs aufschneiden und unter fließendem Wasser gut waschen. Dann den Lauch quer halbieren und längs in sehr feine, 15 cm lange Streifen schneiden. Die Zwiebel schälen und den Wurzelansatz abschneiden. Die Zwiebel längs in 1–2 mm dünne Scheiben schneiden, sodass dünne Streifen entstehen. Die Chili putzen, waschen und in feine Scheiben schneiden. Nach Belieben die Umeboshi entkernen und das Fruchtfleisch fein hacken.

2 In einem Topf das Sesamöl erhitzen und die Austernpilze darin 2 Min. bei mittlerer Hitze anbraten. Die Zwiebel dazugeben und 1 Min. andünsten. Die Brühe und 800 ml Wasser angießen, Misopaste und Shoyusauce einrühren. Die Chili und Umeboshi dazugeben und bei mittlerer Hitze ca. 5 Min. zugedeckt köcheln lassen.

3 Inzwischen den Spitzkohl waschen, halbieren und in feine Streifen schneiden. Spitzkohl, Nudeln und Lauch zur Suppe geben und zugedeckt bei ganz schwacher Hitze weitere 5 Min. ziehen lassen. Nicht mehr kochen! Mit Zimtpulver und Agavendicksaft abschmecken. Die Zitrone auspressen und den Saft dazugeben. Das Koriandergrün waschen, trocken schütteln und fein hacken. Die Suppe auf vier Teller oder Tassen verteilen und mit dem Koriander bestreuen.

MEINE GENUSS- UND PRAXISTIPPS

Bei Koriandergrün scheiden sich die Geister. Die einen sagen, es schmecke »wie Seife«, die anderen lieben es. Mein Tipp: Immer wieder mal probieren, an den Geschmack kann man sich tatsächlich gewöhnen.

Umeboshi sind salzig eingelegte japanische Aprikosen, die schon die Samurais schätzten. In dieser Suppe bilden sie kleine, konzentrierte Geschmacksinseln und kitzeln den Gaumen. Der Genuss von Umeboshi soll die Verdauung anregen.

Misopaste finden Sie in sehr guter Qualität im Bioladen, von sehr dunkel und kräftig (Hatcho Miso und Genmai Miso) bis hell und mild (Shiro Miso). Warum Miso so gesund ist, verrate ich Ihnen auf S. 14.

STREETFOOD DE LUXE

SUPER-BEAN-BURRITOS
---- MIT EXTRA VIEL GEMÜSE ----

TEX-MEX-GLÜCK

FÜR DIE FÜLLUNG
250 g getrocknete Kidneybohnen (ersatzweise
2 Dosen Kidneybohnen, Abtropfgewicht je 250 g)
1 Msp. Natron
1/4 TL gemahlener Kreuzkümmel
3/4 TL Rauchsalz* (ersatzweise Meersalz)
1 EL Olivenöl
1/2 Bund Oregano
1/2 Bund Dill
1 kleine Knoblauchzehe
1 rote Peperoni
1 Zitrone
1 kleine Avocado (Sorte »Hass«)
250 g braune Champignons
80 g Lauch
2–3 EL neutrales Pflanzenöl zum Braten
Salz
schwarzer Pfeffer aus der Mühle

♦

AUSSERDEM
4 Vollkorntortillas (siehe Rezept S. 86)
200 g Apfel-Curry-Ketchup (siehe Rezept S. 66; ersatzweise Tomatensalsa)

♦

FÜR 4 PERSONEN
Zubereitungszeit: 50 Min.
Einweichzeit: 8–12 Std. oder über Nacht
Pro Portion ca. 565 kcal, 17 g EW, 29 g F, 58 g KH

1 Am Vortag für die Füllung die getrockneten Kidneybohnen mit Wasser bedecken und über Nacht (mind. 8–12 Std.) einweichen. Am Zubereitungstag die Kidneybohnen in ein Sieb abgießen und abbrausen. Mit 500 ml Wasser und dem Natron in einen Topf geben und zugedeckt in 35–40 Min. bei mittlerer Hitze gar kochen. Die Bohnen in ein Sieb abgießen und abtropfen lassen. (Kidneybohnen aus der Dose in ein Sieb abgießen, abbrausen und abtropfen lassen.)

2 Von den Kidneybohnen ein Drittel abnehmen und beiseitestellen. Die restlichen Bohnen mit Kreuzkümmel, Rauchsalz und Öl grob pürieren. Die übrigen Kidneybohnen dazugeben. Oregano und Dill waschen, trocken schütteln und fein hacken. Die Knoblauchzehe schälen und sehr fein würfeln. Die Peperoni waschen, nach Belieben Kerne entfernen (je nach gewünschter Schärfe) und die Peperoni in feine Ringe schneiden. Kräuter, Knoblauch und Peperoni zu den Bohnen geben.

3 Die Zitrone auspressen und drei Viertel des Safts ebenfalls unter die Masse heben. Die Avocado halbieren, den Kern entfernen und die Frucht schälen. Das Fruchtfleisch mit dem restlichen Zitronensaft beträufeln und in den Kühlschrank stellen.

4 Den Backofen auf 200° vorheizen. Die Champignons putzen und in 2 mm dicke Scheiben schneiden. Den Lauch längs aufschneiden, gründlich waschen und in dünne Scheiben schneiden. Die Champignons im Öl in ca. 3 Min. rundherum goldbraun anbraten. Den Lauch dazugeben und ca. 2 Min. mitbraten. Das Gemüse mit Salz und Pfeffer abschmecken und warm halten.

5 Die Vollkorntortillas leicht anfeuchten und im Ofen in 2–3 Min. weich werden lassen. Die Tortillas aus dem Ofen nehmen und die Kidneybohnenmasse mittig darauf verteilen. Jeweils 1–2 EL Apfel-Curry-Ketchup, das Gemüse und die Avocadoscheiben daraufgeben. Die Tortillas an den Seiten einklappen und fest aufrollen. Die fertigen Burritos im heißen Ofen ca. 5 Min. ziehen lassen, dann servieren oder zum Mitnehmen einpacken.

BURRITOS HABEN EINEN GERADEZU PERFEKTEN AUFBAU: DIE LECKERE BROTHÜLLE HÄLT DIE FÜLLUNG AUS DEN VERSCHIEDENEN KOMPONENTEN GUT ZUSAMMEN. SALAT, GEMÜSEPLATTE UND BROTZEIT IN EINEM – SO MAG ICH DAS!

VOLLKORNTORTILLAS
----- HOMEMADE -----

SELBST GEMACHT SCHMECKT'S BESSER

FÜR DIE VOLLKORNTORTILLAS
340 g Weizenvollkornmehl (ersatzweise Dinkelvollkornmehl)
Salz
1/2 TL Backpulver
2 EL neutrales Pflanzenöl
2 leicht gehäufte EL Speisestärke (20 g)

✦

AUSSERDEM
ca. 2 EL Speisestärke zum Ausrollen

✦

FÜR 8 STÜCK
Zubereitungszeit: 30 Min.
Ruhezeit: 20 Min.
Pro Portion ca. 170 kcal, 5 g EW, 3 g F, 30 g KH

1 Mehl, 1/2 TL Salz und Backpulver vermischen. Das Öl und 250 ml lauwarmes Wasser dazugeben und mit dem Stiel eines Holzkochlöffels oder den Knethaken des Handrührgeräts zu einem glatten, feuchten Teig verarbeiten. Den Teig zu einer Kugel formen, rundherum mit der Stärke bestäuben und 20 Min. ruhen lassen.

2 Die Arbeitsfläche mit 1 TL Stärke bestäuben und aus dem Teig 2 Rollen von ca. 30 cm Länge formen, dabei den Teig nicht kneten. Die Rollen in je 4 gleich große Teile schneiden. Arbeitsfläche mit der übrigen Speisestärke bestäuben. Darauf jeden Teigling zu 1 dünnen Fladen von ca. 25 cm Ø ausrollen.

3 Eine beschichtete Pfanne auf der Herdplatte erhitzen, darin bei mittlerer Hitze die Teigfladen nacheinander ohne Öl ca. 1 Min. backen. Sobald die Oberseite Blasen wirft, einmal wenden. Die fertigen Fladen sofort mit einem feuchten Tuch abdecken.

MEINE VORRATS- UND GENUSSTIPPS

Sie können Ihre Tortillas einzeln einfrieren und sich so einen schönen Vorrat für Wraps und Burritos anlegen. Ich lege zum Einfrieren etwas Backpapier zwischen die abgekühlten Fladen. Sobald sie gefroren sind, kommen sie in einen Gefrierbeutel und sind später ganz bequem einzeln entnehmbar.

Und wie werden die Tortillas gefüllt? Blättern Sie einfach auf S. 84, da verrate ich Ihnen mein Rezept für Super-Bean-Burritos.

STREETFOOD DE LUXE

KEIN BURRITO OHNE EINE ANSTÄNDIGE TORTILLA DRUMHERUM. IN DEN LÄDEN SIND GERADE DIE VOLLKORNSORTEN IMMER SEHR TEUER – ICH MACHE SIE DESHALB SELBST. IST GANZ EINFACH UND SCHMECKT VIEL BESSER!

GLÜCKSESSEN
--- WIE ICH ES MAG ---

MEINE PERSÖNLICHE GLÜCKSFORMEL: EINFACH GUT ESSEN! EINFACH UND GUT, DAS HEISST NULL HOCH VERARBEITETE LEBENSMITTEL, KEIN INDUSTRIEZUCKER, ABER GANZ VIEL FRISCHES GEMÜSE – EINMAL QUER DURCHS JAHR!

KRÄUTERPFANNKUCHEN
----- MIT MAIRÜBCHEN UND ZUCKERSCHOTEN -----

FRISCHER FRÜHLINGSBOTE

FÜR DIE PFANNKUCHEN
125 g Weizenvollkornmehl (ersatzweise Dinkelvollkornmehl)
1/3 TL Kala Namak* (ersatzweise Salz)
1/4 TL Johannisbrotkernmehl* (Bioladen)
150 ml Pflanzenmilch* (z. B. Soja-, Hafer- oder Nussmilch)
1 TL Apfelessig (ersatzweise Weißweinessig)
4–5 EL neutrales Pflanzenöl zum Braten
1/2 Bund Schnittlauch
1/2 Bund Petersilie

FÜR DIE FÜLLUNG
Salz
1 Bund Mairüben (400 g, mit Grün)
100 g Zuckerschoten
1/2 kleine Knoblauchzehe
50 g Cashewnusskerne
1 EL Hefeflocken*
1/2 TL Flohsamenschalen*
1 EL Zitronensaft
1/2 Bund Dill

FÜR 4 PERSONEN
Zubereitungszeit: 50 Min.
Pro Portion ca. 340 kcal, 10 g EW, 19 g F, 30 g KH

1 Für den Pfannkuchenteig Mehl, Kala Namak und Johannisbrotkernmehl mischen. Pflanzenmilch, Essig und 2 EL Öl mit 100 ml Wasser verrühren und mit der Mehlmischung zu einem glatten Teig verarbeiten. Die Kräuter waschen, trocken schütteln. Den Schnittlauch in feine Röllchen schneiden, die Petersilie fein hacken. Den Teig mit den Kräutern mischen und ca. 10 Min. quellen lassen.

2 Inzwischen 1 l Wasser mit 1 gestrichenen TL Salz in einem Topf erhitzen. Von den Mairüben Wurzelansatz und Strunk entfernen, die Rüben waschen und in 1–1 1/2 cm breite Spalten schneiden. Die Zuckerschoten waschen und abtropfen lassen. Die Mairüben im heißen Wasser ca. 5 Min. kochen, die Zuckerschoten dazugeben und ca. 1 Min. mitkochen. Das Gemüse in ein Sieb abgießen, dabei 200 ml Kochwasser auffangen und zurück in den Topf geben. Das Gemüse kurz mit eiskaltem Wasser abschrecken, dann warm stellen.

3 In einer Pfanne 1 EL Öl erhitzen. Ein Viertel des Teigs in die Mitte gießen und durch Schwenken der Pfanne zu einem Pfannkuchen von ca. 25 cm Ø auseinanderlaufen lassen. Den Pfannkuchen bei mittlerer Hitze ca. 2 Min. backen, bis die Ränder leicht gebräunt sind. Wenden und ca. 30 Sek. weiterbraten. Auf diese Weise aus dem Teig drei weitere Pfannkuchen backen.

4 Das aufgefangene Gemüsewasser erhitzen. Knoblauch schälen und mit Cashewnüssen, Hefeflocken, Flohsamenschalen und dem Zitronensaft in einen Standmixer geben. Das heiße Kochwasser dazugießen und alles auf höchster Stufe so fein wie möglich zu einer Sauce pürieren. Den Dill waschen, trocken schütteln und mittelfein hacken. Die Sauce unter das Gemüse heben, den Dill dazugeben und noch einmal umrühren.

5 Die Pfannkuchen auf vier Teller verteilen. Das Gemüse auf je eine Pfannkuchenhälfte geben und die andere Hälfte darüberklappen.

MEIN EXTRATIPP
Mairüben sind eine kalorienarme Delikatesse. Zudem stecken sie voller Mineralien, Vitamine und Spurenelemente. Falls Sie die feinen weißen Rübchen im Bund mit Grün ergattern, verwerten Sie das Kraut unbedingt mit – als Salat oder kurz gedünstet.

GLÜCKSESSEN

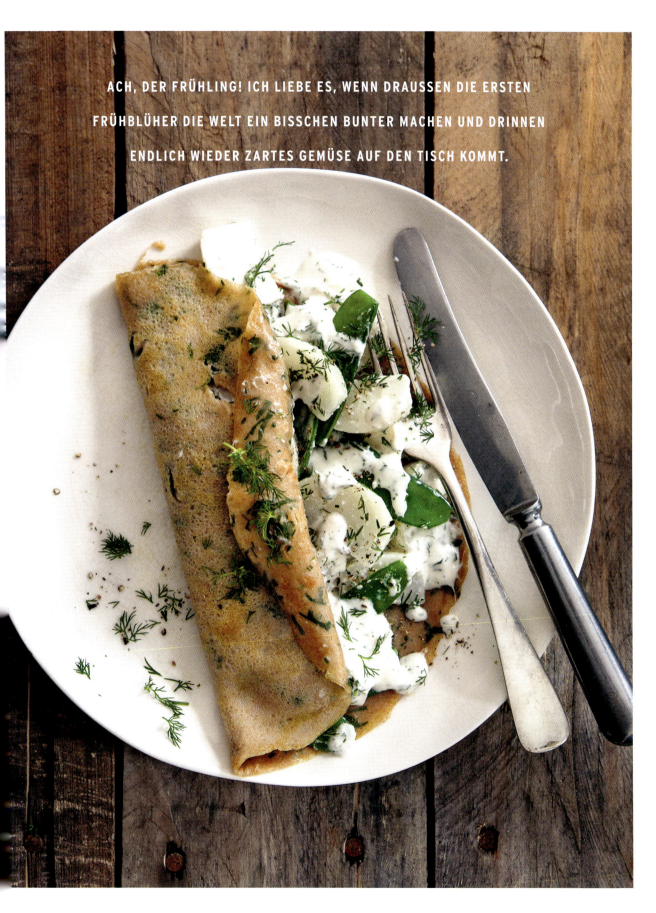

ACH, DER FRÜHLING! ICH LIEBE ES, WENN DRAUSSEN DIE ERSTEN FRÜHBLÜHER DIE WELT EIN BISSCHEN BUNTER MACHEN UND DRINNEN ENDLICH WIEDER ZARTES GEMÜSE AUF DEN TISCH KOMMT.

REISKÜCHLEIN
---- AUF PAK CHOI ----

ZART UND KNACKIG

FÜR DIE REISKÜCHLEIN
150 g Vollkorn-Basmatireis
Salz
1/2 Stange Lauch
1 rote Peperoni (ersatzweise 1 rote Chilischote)
30 g Kokosmehl (Bioladen oder Internet)
1/2 TL Johannisbrotkernmehl* (Bioladen)
5 EL Pflanzenmilch*

FÜR DEN PAK CHOI
400 g Pak Choi (am besten Baby-Pak-Choi)
150 g Zuckerschoten (ersatzweise junge gepalte Erbsen)
1 Möhre
4 Stängel Minze
5 Stängel Koriandergrün
1 Stängel Zitronengras
4 EL Sprossen (z. B. Erbsensprossen)
1 haselnussgroßes Stück Ingwer
4 EL Shoyusauce*
3 EL geröstetes Sesamöl
1 TL Reisessig (ersatzweise Weißweinessig)

AUSSERDEM
Backpapier
4 EL neutrales Pflanzenöl zum Braten
4 EL Erdnusskerne

FÜR 4 PERSONEN
Zubereitungszeit: 1 Std.
Pro Portion ca. 390 kcal, 10 g EW, 22 g F, 39 g KH

1 Den Reis mit 500 ml Wasser und 1/3 TL Salz aufkochen, dann zugedeckt bei ganz schwacher Hitze 40 Min. kocheln lassen. Den Reis in ein Sieb abgießen und kurz ausdampfen lassen. Lauch und Peperoni putzen, beides waschen und fein hacken.

2 Während der Reis kocht, Pak Choi, Zuckerschoten, Möhre, Kräuter, Zitronengras und Sprossen waschen, trocken tupfen. Den Pak Choi vom Wurzelansatz befreien. Pak-Choi-Stiele in ca. 2 cm breite Streifen schneiden, Pak-Choi-Blätter in mundgerechte Stücke schneiden und beiseitelegen. Die Möhre schälen und mit dem Sparschäler in dünne Streifen hobeln. Den Ingwer schälen und fein hacken. Das Zitronengras in sehr feine Scheiben schneiden und mit Shoyusauce, Sesamöl, Ingwer, Essig und 70 ml Wasser in einer Schüssel mischen.

3 Lauch, Peperoni, 1/2 TL Salz, Kokosmehl, Johannisbrotkernmehl und Pflanzenmilch zum abgekühlten Reis geben. Alles mit einem Löffel gut vermischen, dann mit angefeuchteten Händen 30 Sek. kneten, bis die Masse deutlich klebriger wird. Mit feuchten Händen 8 Bratlinge (ca. 7 cm Ø, ca. 1 1/2 cm hoch) formen, dabei die Bratlinge an den Rändern besonders gut zusammendrücken. Den Backofen auf 100° vorheizen und ein Backblech mit Backpapier auslegen.

4 In einer Pfanne 1–2 EL Pflanzenöl erhitzen und die Reisbratlinge darin bei mittlerer Hitze portionsweise in je 3–4 Min. goldbraun anbraten, zwischendurch einmal wenden. Die Bratlinge auf das Blech legen und bis zum Servieren im Ofen warm halten.

5 In der Pfanne 1 TL Öl erhitzen. Darin die Pak-Choi-Stiele und die Zuckerschoten bei mittlerer Hitze 1–2 Min. anbraten, bis die Zuckerschoten etwas Farbe angenommen haben. Die Pfanne dabei immer wieder schwenken. Die Möhrenstreifen und Pak-Choi-Blätter dazugeben und ca. 30 Sek. mitschwenken. Die Pfanne vom Herd nehmen und die Shoyu-Marinade unter das Gemüse mischen.

6 Kräuter und Erdnüsse fein hacken. Das lauwarme Gemüse auf vier Teller verteilen und je 2 Reisbratlinge daraufsetzen. Mit Erdnüssen, Sprossen und Kräutern bestreuen und servieren.

GLÜCKSESSEN

KOHLRABI-MÖHREN-PUFFER
----- MIT RADIESCHENSALAT -----

SUPER-GESUND UND LECKER!

FÜR DIE PUFFER
450 g Kohlrabi
450 g Möhren
Salz
schwarzer Pfeffer aus der Mühle
6 leicht gehäufte EL Kichererbsenmehl
6 EL Nusssahne (siehe Rezept S. 16; ersatzweise Pflanzensahne* zum Kochen)
2 TL getrockneter Liebstöckel
1 Bund Schnittlauch

FÜR DEN SALAT
2 Bund Radieschen mit Grün (ca. 800 g)
1 Bund Dill
6 EL Olivenöl (ersatzweise Walnussöl)
1/2 Zitrone
2 EL Ahornsirup (ersatzweise Agavendicksaft*)
2 TL mittelscharfer Senf
Salz

AUSSERDEM
50 ml neutrales Pflanzenöl zum Braten

FÜR 4 PERSONEN
Zubereitungszeit: 50 Min.
Pro Portion ca. 455 kcal, 7 g EW, 34 g F, 29 g KH

1 Kohlrabi und Möhren schälen, waschen und grob raspeln. 2 TL Salz unter die Raspel heben und 10 Min. ziehen lassen.

2 Inzwischen die Radieschen samt Grün waschen, trocken tupfen. Das Radieschen-Grün verlesen, die Blätter in feine Streifen schneiden und beiseitestellen. Die Radieschen putzen und in sehr feine Scheiben hobeln oder mit einem scharfen Messer schneiden. Den Dill waschen, trocken schütteln, fein hacken und zu den Radieschen geben. Aus den übrigen Zutaten für den Salat eine Vinaigrette mischen und unter die Radieschen heben.

3 Die Gemüseraspel mit 2 gestrichenen TL Pfeffer, Kichererbsenmehl, Nusssahne und Liebstöckel vermischen. Schnittlauch waschen, trocken schütteln, in Röllchen schneiden und unter die Gemüsemischung heben.

4 Den Backofen auf 100° vorheizen. 3 EL Öl in einer Pfanne erhitzen. 3–4 leicht gehäufte EL Gemüsemasse in die Pfanne setzen und mit dem Löffel zu Puffern formen (ca. 7–10 cm Ø, 1/2 cm dick). Die Puffer pro Seite 2–3 Min. bei mittlerer Hitze braten. Auf Küchenpapier entfetten und zum Warmhalten in den Ofen stellen. Aus der Gemüsemasse auf diese Art 16 Puffer braten.

5 Kurz vor dem Servieren das Radieschen-Grün unter den Salat heben. Die Kohlrabi-Möhren-Puffer mit dem Salat auf vier Teller verteilen und nach Belieben mit Chili-Mandel-Mayonnaise (siehe S. 118) servieren.

MEINE PRAXISTIPPS

Radieschen lassen sich sehr schnell selbst ziehen und wachsen sogar in Töpfen auf dem Balkon. Damit die Mini-Knollen auch schön frisch bleiben, entfernen Sie sofort nach der Ernte oder dem Einkauf das Grün.

Kohlrabi-, Möhren- und Radieschenblätter kann man auch als Salat zubereiten oder wie Spinat dünsten. In den Kohlrabiblättern steckt übrigens doppelt so viel Vitamin C wie in den Knollen.

GEBACKENE SÜSSKARTOFFELN
MIT MACADAMIA-CRUMBLE UND BALSAMICO-FENCHEL

MACADAMIA MACHT'S EDEL!

FÜR SÜSSKARTOFFELN UND CRUMBLE
2 Süßkartoffeln (à ca. 300 g)
2 EL neutrales Pflanzenöl zum Braten
Salz
150 g geröstete gesalzene Macadamianüsse
50 g halb getrocknete Tomaten in Öl

FÜR DEN BALSAMICO-FENCHEL
2 Fenchelknollen (ca. 700 g)
4 EL Olivenöl
Salz
1 EL Agavendicksaft* (ersatzweise Ahornsirup oder 1 TL Dattelpaste, siehe Rezept S. 19)
4 EL Aceto balsamico
1 TL eingelegter grüner Pfeffer

AUSSERDEM
Backpapier

FÜR 4 PERSONEN
Zubereitungszeit: 1 Std.
Backzeit: 40 Min.
Pro Portion ca. 665 kcal, 8 g EW, 52 g F, 42 g KH

1 Den Backofen auf 220° vorheizen. Die Süßkartoffeln unter fließendem Wasser mit einer Gemüsebürste gründlich reinigen. Dann längs halbieren und die Schnittflächen mit einem spitzen Küchenmesser gitterförmig ca. 1/2 cm tief einritzen, dabei die Schale möglichst nicht verletzen. Das Öl und 2 TL Salz gut vermischen und die Süßkartoffeln damit rundherum einreiben. Die restliche Öl-Salz-Mischung auf die Schnittflächen der Süßkartoffeln geben, die Hälften mit der Schnittfläche nach oben auf ein mit Backpapier belegtes Blech legen und im Ofen (Mitte) ca. 30 Min. backen.

2 Inzwischen für den Crumble die Macadamianüsse grob hacken, die Tomaten in feine Würfel schneiden und beides gut vermischen. Die Mischung auf den Süßkartoffelhälften verteilen, die Backofentemperatur auf 200° reduzieren und die Kartoffeln 10 Min. weiterbacken. In den letzten 5 Min. die Grillfunktion (falls vorhanden) dazuschalten und die Kartoffeln gratinieren.

3 Während die Süßkartoffeln garen, den Fenchel waschen, putzen und in ca. 1 cm breite Spalten schneiden. Dabei mit einem kleinen Messer den Strunk an den Spalten nur so weit abschneiden, dass die Spalten noch zusammenhalten. Das Fenchelgrün waschen, trocken tupfen und fein hacken.

4 Etwa 10 Min. vor Ende der Backzeit in einer Pfanne oder einem weiten Topf das Olivenöl langsam erhitzen. Fenchel dazugeben, mit 1 TL Salz bestreuen und zugedeckt ca. 5 Min. bei mittlerer Hitze andünsten. Die Fenchelspalten wenden, Agavendicksaft und Aceto balsamico dazugeben und ca. 1 Min. weiterbraten. Grünen Pfeffer dazugeben und zugedeckt warm halten.

5 Den Fenchel auf vier Teller verteilen, je 1 Süßkartoffelhälfte danebensetzen und mit Fenchelgrün garnieren.

MEIN PRAXISTIPP

Fenchel polarisiert, das merke ich oft, wenn ich ihn in meinen Kochkursen mit den Teilnehmern zubereite. Das liegt vor allem daran, dass wir als Kinder oft mit Fencheltee »gequält« wurden. Dabei schmeckt die Knolle sehr viel feiner als die Samen, aus denen der Tee gemacht wird. Und gesund ist er ohnehin: Seine ätherischen Öle wirken beruhigend, etwa bei Magenbeschwerden.

GLÜCKSESSEN

MIT FRISCHER KRÄUTERNOTE

TOMATENESSENZ
---- MIT SHIITAKEPÄCKCHEN ----

FÜR DIE ESSENZ
800 g geschälte Tomaten (aus der Dose)
1 große Zwiebel
1 Stängel Zitronengras
500 ml Gemüsefond
Salz
1 TL Agavendicksaft*
1/2 Bund Schnittlauch
5 Stängel Koriandergrün

FÜR DIE SHIITAKEPÄCKCHEN
1 kleine Zwiebel
100 g Shiitake
150 g Blattspinat
Salz
schwarzer Pfeffer aus der Mühle
12 Reispapierblätter (Ø 22 cm, Asienladen; ersatzweise TK-Wantan-Blätter, Supermarkt)

AUSSERDEM
800 ml neutrales Pflanzenöl zum Braten und Frittieren
1 Passiertuch

FÜR 4 PERSONEN
Zubereitungszeit: 1 Std.
Pro Portion ca. 290 kcal, 11 g EW, 5 g F, 50 g KH

1 Für die Essenz die Tomaten in einen Topf geben, die Zwiebel schälen, grob hacken und dazugeben. Das Zitronengras mit dem Griff des Messers anstoßen, ein Fünftel abschneiden und in sehr feine, ca. 1 1/2 cm lange Streifen schneiden. Den Rest mit dem Gemüsefond, etwas Salz und dem Agavendicksaft zu den Tomaten geben und zum Kochen bringen. Dann ca. 30 Min. zugedeckt bei mittlerer Hitze köcheln lassen.

2 Für die Shiitakepäckchen die Zwiebel schälen und fein würfeln. Die Pilze putzen, die Stiele entfernen und die Kappen fein hacken. Den Spinat verlesen, waschen und grob hacken. 1 EL Öl in einer Pfanne erhitzen, Zwiebel- und Shiitakewürfel darin unter Rühren bei starker Hitze ca. 2 Min. andünsten. Den Spinat dazugeben, zusammenfallen lassen und ca. 1 Min. weitergaren. Die Masse mit Salz und Pfeffer würzen, dann leicht abkühlen lassen.

3 Eine flache Schüssel mit lauwarmem Wasser bereitstellen. Je 1 Reispapierblatt 10 – 20 Sek. hineinlegen, herausnehmen und auf die Arbeitsfläche legen. Kurz warten, bis das Reispapier flexibel und geschmeidig geworden ist. Dann 1 EL Füllung mittig auf das Blatt legen, den unteren Rand darüber klappen, die Seiten zur Mitte klappen und alles eng nach oben zu einem kleinen Päckchen aufrollen. Auf diese Weise 11 weitere Päckchen herstellen, bis zum Frittieren auf ein Holzbrett legen.

4 Das Zitronengras aus dem Tomatensud entfernen, den Sud fein pürieren und etwas abkühlen lassen. Die Masse durch ein Passiertuch (oder ein sauberes, feinmaschiges Küchentuch) passieren und gut ausdrücken. Die klare Essenz zurück in den Topf geben, restliches Zitronengras dazugeben, kurz aufkochen lassen und mit Salz würzen.

5 In einem hohen Topf das Öl erhitzen, bis an einem hineingehaltenen Holzkochlöffel kleine Blasen aufsteigen. Die Reispäckchen portionsweise im Öl in 1 – 2 Min. goldbraun frittieren. (Die Päckchen sollten sich dabei nicht berühren, da sie leicht zusammenkleben.) Danach kurz auf Küchenpapier entfetten.

6 Schnittlauch und Koriander waschen, trocken schütteln, fein hacken und in die Essenz geben. Auf vier tiefe Teller oder Tassen verteilen und kurz vor dem Servieren je 3 Shiitakepäckchen hineinsetzen.

GLÜCKSESSEN

IN DIESER FEINEN, PUREN ESSENZ KOMMEN DIE KNUSPERPÄCKCHEN MIT IHRER DEFTIGEN PILZ-SPINAT-FÜLLUNG GANZ GROSS RAUS. EIN TOLLES SOMMERGERICHT – BESONDERS FEIN AUCH FÜR GÄSTE!

BUNTE GEMÜSEPFANNE
----- MIT GUACAMOLE UND MANGO-CHILI-SALSA -----

FARBSTARK

FÜR DIE GEMÜSEPFANNE
1 Zucchino (grün oder gelb, ca. 160 g)
2 Stangen Staudensellerie (ca. 150 g)
250 g Tomaten
1 große gelbe oder rote Paprikaschote (ca. 250 g)
1 rote Zwiebel
2 EL neutrales Pflanzenöl zum Braten
1 TL gemahlener Kreuzkümmel
3 EL Shoyusauce* (ersatzweise Soja- oder Tamarisauce)
1 EL Weißweinessig (ersatzweise Apfelessig)
1 Dose weiße Riesen- oder Cannellinibohnen
(Abtropfgewicht 240 g)
1 TL Reissirup (ersatzweise Agavendicksaft* oder Ahornsirup)
✦

FÜR DIE GUACAMOLE
2 Avocados (Sorte »Hass«)
1/2 Zitrone
Salz
schwarzer Pfeffer aus der Mühle
1/2 Bund Koriandergrün
✦

FÜR DIE SALSA
1 Mango (ca. 360 g)
1 EL Weißweinessig (ersatzweise Apfelessig)
Salz | 1 Msp. Zimtpulver
1 rote Peperoni
✦

FÜR 4 PERSONEN
Zubereitungszeit: 45 Min.
Pro Portion ca. 410 kcal, 9 g EW, 32 g F, 20 g KH

1 Für die Gemüsepfanne Zucchino, Staudensellerie, Tomaten und Paprikaschote waschen. Das Kerngehäuse der Tomaten und der Paprika entfernen und das Fruchtfleisch in 1 cm große Würfel schneiden. Den Zucchino ebenfalls in 1 cm große Würfel, die Selleriestangen in 1 cm breite Streifen schneiden. Die Zwiebel schälen und fein würfeln. 1 gehäuften EL Zwiebelwürfel für die Guacamole beiseitelegen.

2 In einer Pfanne 2 EL Pflanzenöl erhitzen und die Zucchiniwürfel darin ca. 1 Min. bei starker Hitze anbraten. Tomaten- und Zwiebelwürfel dazugeben und ca. 1 Min. weiterbraten. Mit Kreuzkümmel, Shoyusauce und Essig würzen, zugedeckt bei ganz schwacher Hitze ca. 5 Min. schmoren, dabei gelegentlich umrühren. Inzwischen die Bohnen in ein Sieb abgießen, abbrausen und abtropfen lassen. Dann mit Selleriestreifen, Paprikawürfeln und Reissirup in die Pfanne geben, umrühren. Zugedeckt auf der warmen Herdplatte ziehen lassen.

3 Für die Guacamole die Avocado halbieren und den Kern entfernen, das Fruchtfleisch mit einem Löffel aus der Schale heben und mit einer Gabel grob zerdrücken. Den Saft der Zitrone auspressen und mit den übrigen Zwiebelwürfeln, 1/3 TL Salz und 1/2 TL Pfeffer zur Avocado geben und vermengen. Den Koriander waschen, trocken schütteln und fein hacken. 1 EL Koriander beiseitelegen. Die Hälfte des restlichen Korianders zur Guacamole geben.

4 Für die Salsa die Mango schälen, das Fruchtfleisch vom Kern und in 1/2 cm große Würfel schneiden. Den restlichen Koriander, Essig, 2 Msp. Salz und Zimtpulver unterrühren. Die Peperoni waschen und – je nach gewünschter Schärfe – die Kerne entfernen. Das Fruchtfleisch in feine Ringe schneiden und zur Salsa geben.

5 Die Gemüsepfanne, falls nötig, noch einmal kurz erwärmen und auf vier tiefe Teller oder Suppentassen verteilen. Mit Guacamole und Salsa toppen und mit dem übrigen Koriander bestreuen.

GLÜCKSESSEN

GEFÜLLTE TEMPEH-KRÄUTER-ZUCCHINI

MIT MEDITERRANEM KICK

4 gelbe oder grüne runde Zucchini (ca. 700 g; ersatzweise 1 großer gelber oder grüner Zucchino)
Salz
schwarzer Pfeffer aus der Mühle
1 EL neutrales Pflanzenöl zum Braten
150 g Tempeh*
2 EL Tamarisauce*
100 g Kirschtomaten
2 Zweige Rosmarin
3 Zweige Thymian (ersatzweise Zitronenthymian)
2 Frühlingszwiebeln

✦

AUSSERDEM
1 Auflaufform (20 x 20 cm)

✦

FÜR 4 PERSONEN
Zubereitungszeit: 15 Min.
Backzeit: 20 – 25 Min.
Pro Portion ca. 120 kcal, 10 g EW, 6 g F, 6 g KH

1 Die Zucchini waschen. Bei runden Zucchini Deckel abschneiden und die Kerngehäuse mithilfe eines Melonenausstechers entfernen. (Großen Zucchino quer in 4 Teile schneiden und das Kerngehäuse entfernen, dabei einen Boden von ca. 2 cm stehen lassen.) Die Zucchini von innen salzen und pfeffern.

2 Den Backofen auf 220° vorheizen. Das Öl in einer Pfanne erhitzen, den Tempeh mit den Fingern hineinbröseln und darin bei starker Hitze 2 – 3 Min. anbraten. Mit der Tamarisauce ablöschen.

3 Die Kirschtomaten waschen, trocken tupfen und vierteln. Die Kräuter und Frühlingszwiebeln waschen, trocken tupfen. Kräuterblätter abzupfen und hacken, die Frühlingszwiebeln in feine Ringe schneiden. Alles gut mit dem Tempeh vermischen.

4 Die Mischung in die Zucchini füllen, den Deckel darauflegen und die Zucchini in die Auflaufform setzen. So viel Wasser in die Form gießen, dass die Zucchini ca. 1 – 2 Fingerbreit darin stehen, und im Ofen (Mitte) in 20 – 25 Min. weich backen.

BOHNEN-SÜSSKARTOFFEL-BURGER
---- MIT TOMATENSALSA ----

FAST FOOD HEAVEN!

FÜR DIE BURGER
200 g getrocknete schwarze Bohnen
200 g Süßkartoffeln
Salz
5 Zweige Oregano
3 Zweige Thymian
1 Zwiebel
2 TL Harissapaste
2 TL Senf
2 EL Sojasauce* (ersatzweise Tamarisauce)
2 TL geschrotete Leinsamen
2 EL Dinkelvollkornmehl (ersatzweise Weizenvollkornmehl oder Kichererbsenmehl)

FÜR DIE SALSA
500 g Tomaten
1 Bund Schnittlauch
1 Bio-Limette
2 TL Agavendicksaft* (ersatzweise 1 TL Dattelpaste, siehe Rezept S. 19, oder 2–3 EL Apfelsüße, siehe Rezept S. 18)
Salz
schwarzer Pfeffer aus der Mühle

AUSSERDEM
2-3 EL neutrales Pflanzenöl zum Braten
50 g Tahin (Sesampaste)
1/2 TL Tomatenmark
Salz
schwarzer Pfeffer aus der Mühle
8 Vollkornbrötchen

FÜR 8 BURGER
Zubereitungszeit: 1 Std. 15 Min.
Einweichzeit: 12 Std.
Pro Burger ca. 315 kcal, 14 g EW, 6 g F, 44 g KH

1 Am Vortag die Bohnen mit 400 ml Wasser bedecken und 12 Std. einweichen. Am nächsten Tag das Wasser abgießen und die Bohnen gründlich abbrausen. Mit der doppelten Menge Wasser aufkochen und die Bohnen zugedeckt bei schwacher Hitze ca. 45 Min. garen.

2 Inzwischen die Süßkartoffel schälen, in 2 cm große Würfel schneiden. In leicht gesalzenem Wasser in 10 Min. gar kochen. Abgießen und ausdampfen lassen. Die Kräuter waschen, trocken schütteln und die Blätter fein hacken. Die Zwiebel schälen und in ca. 1 cm dicke Scheiben schneiden. Die Scheiben in 2 EL Pflanzenöl bei mittlerer Hitze ca. 5 Min. braten.

3 Für die Salsa die Tomaten waschen, entkernen und fein würfeln. Schnittlauch waschen, trocken schütteln und in feine Röllchen schneiden. Limette heiß waschen, die Schale abreiben und den Saft auspressen. Schnittlauch, Agavendicksaft, Salz, Pfeffer, Limettensaft und -schale mit den Tomatenwürfeln mischen. Mit Salz und Agavendicksaft abschmecken und beiseitestellen.

4 Harissapaste, Senf, Sojasauce und Leinsamen mischen. Die Bohnen abgießen und mit den Süßkartoffelwürfeln grob pürieren. (Die Süßkartoffelstücke sollen zerkleinert sein, einige Bohnen noch ganz bleiben.) Die Harissamasse und das Mehl dazugeben und ca. 1 Min. mit angefeuchteten Händen gut durchkneten. Aus der Masse 8 Burger formen (ca. 8 cm Ø, 1 cm hoch). In einer Pfanne 2–3 EL Pflanzenöl erhitzen und die Burger darin portionsweise auf jeder Seite ca. 3 Min. braten.

5 Von der Salsa die Flüssigkeit abgießen, auffangen und, falls nötig, mit Wasser auf 100 ml aufgießen. Salsaflüssigkeit, Tahinpaste und Tomatenmark mit dem Stabmixer fein pürieren, mit Salz und Pfeffer würzen.

6 Die Brötchen halbieren und toasten, mit Tahinsauce bestreichen. Die Burger auf je 1 Brötchenhälfte legen und mit Tomatensalsa toppen. Die Zwiebeln darauflegen, die Brötchen zuklappen und servieren.

GLÜCKSESSEN

KRÄFTIGES VOLLKORNBRÖTCHEN, GEMÜSE-PATTY UND FRUCHTIGE SALSA – DER BESTE BEWEIS DAFÜR, DASS BURGER GESUND UND TROTZDEM LECKER SEIN KÖNNEN.

ZUCCHINITARTE
----- MIT KRÄUTERN -----

FÜR DEN BODEN
270 g Dinkelkörner (ersatzweise 270 g Dinkelvollkornmehl)
1 EL geschrotete Leinsamen
4 EL Walnusskerne
Salz
schwarzer Pfeffer aus der Mühle
1 TL Backpulver
5 EL Olivenöl

FÜR DEN BELAG
1 gelber Zucchino (ca. 300 g)
2 rote Zwiebeln
4 Zweige Rosmarin
6 Stängel Petersilie
3 Stängel Basilikum
100 g Cashewnusskerne
2 EL Hefeflocken*
Salz
1 TL Weißweinessig
1 TL Ahornsirup

AUSSERDEM
1 Spring- oder Tarteform (Ø 26 cm)
1–2 EL neutrales Pflanzenöl für die Form
essbare Blüten (nach Belieben; z. B. Zucchini-, Schnittlauch-, Thymian-, Fetthenneblüten)

FÜR 4 PERSONEN
1 TARTE (Ø 26 CM)
Zubereitungszeit: 40 Min.
Backzeit: insgesamt 50 Min.
Pro Portion ca. 610 kcal, 21 g EW, 34 g F, 54 g KH

1 Für den Boden Dinkelkörner, Leinsamen und Walnüsse in einer Kaffee- oder Getreidemühle fein mahlen. 1 leicht gehäuften TL Salz, 1 gestrichenen TL Pfeffer, das Backpulver, Olivenöl und 200 ml Wasser dazugeben. Mit dem Stiel eines Holzkochlöffels oder den Knethaken des Handrührgeräts zu einem homogenen Teig verarbeiten und kalt stellen.

2 Inzwischen Backofen auf 200° vorheizen. Für den Belag Zucchino waschen, Zwiebeln schälen und beides in 5 mm dicke Scheiben schneiden. Die Kräuter waschen und trocken schütteln. Rosmarinnadeln und Petersilienblätter abzupfen und fein hacken.

3 Die Form mit wenig Öl einpinseln. Den Teig hineindrücken, dabei einen Rand von ca. 2 cm formen. Den Boden mehrmals mit einer Gabel einstechen und im Ofen (Mitte) 5 Min. vorbacken.

4 Inzwischen Cashewnüsse mit den Hefeflocken, 1 gestrichenen TL Salz, Weißweinessig und 200 ml Wasser glatt pürieren. Dann die Kräuter einrühren. Zuerst die Cashewsauce auf dem vorgebackenen Boden verteilen. Die Zucchini- und Zwiebelscheiben abwechselnd überlappend darauflegen, mit 1/2 TL Salz bestreuen und mit dem Ahornsirup beträufeln. Die Tarte im Ofen (Mitte) ca. 45 Min. backen.

5 Die Basilikumblätter kurz vor dem Servieren in Streifen schneiden und auf der Tarte verteilen. Mit Pfeffer und nach Belieben mit Blüten garnieren.

IM LETZTEN JAHR HATTE ICH EINE SEHR PRODUKTIVE ZUCCHINIPFLANZE IN MEINEM GARTEN. JEDEN ZWEITEN TAG KONNTE ICH ERNTEN UND NEBEN ANDEREN KÖSTLICHKEITEN AUCH DIESE LECKERE TARTE AUF DEN TISCH BRINGEN.

GEFÜLLTE TOMATEN
MIT PETERSILIEN-PAPRIKA-HIRSE

FRUCHTIG-RAUCHIG

FÜR DIE TOMATEN
4 große Tomaten (ca. 700 g; ersatzweise Fleischtomaten)
200 g Babyspinat
1 rote oder gelbe Zwiebel
1 EL neutrales Pflanzenöl zum Braten
1/3 TL Macis (Muskatblüte; ersatzweise frisch geriebene Muskatnuss)
schwarzer Pfeffer aus der Mühle
100 g Kichererbsen (aus der Dose)
2 EL fermentierte Cashewcreme (ca. 60 g, siehe Rezept S. 46; ersatzweise Cashewmus)
Salz

♦

FÜR DIE HIRSE
200 g Hirse | Salz
1/2 Bund Petersilie
1 TL geräuchertes Paprikapulver
(z. B. Paprika de la Vera)
1 EL Olivenöl

♦

AUSSERDEM
1 Auflaufform (20 x 30 cm)

♦

FÜR 4 PERSONEN
Zubereitungszeit: 25 Min.
Backzeit: 20 Min.
Pro Portion ca. 365 kcal, 12 g EW, 14 g F, 47 g KH

1 Den Backofen auf 200° vorheizen. Die Tomaten waschen, Deckel abschneiden und die Kerngehäuse mit einem Teelöffel oder Melonenausstecher entfernen. Den Spinat verlesen, waschen und trocken schleudern. Die Zwiebel schälen und fein würfeln.

2 In einer Pfanne 1 EL Öl erhitzen und die Zwiebel darin glasig dünsten. Den Spinat dazugeben und in ca. 1 Min. unter Rühren zusammenfallen lassen. Mit Macis und 1/2 TL Pfeffer würzen. Kichererbsen und Cashewcreme untermischen und mit Salz würzen. Die Tomaten in die Auflaufform oder auf ein Backblech setzen, mit der Spinat-Kichererbsen-Masse füllen und im Ofen (Mitte) ca. 20 Min. backen.

3 Inzwischen die Hirse in ein Sieb geben und heiß abwaschen. Mit 400 ml Wasser und 1/2 TL Salz aufkochen und zugedeckt bei ganz schwacher Hitze 5 Min. köcheln. Den Herd ausschalten und die Hirse auf der warmen Herdplatte nachquellen lassen.

4 Die Petersilie waschen, trocken schütteln und die Blätter fein hacken. Mit dem Paprikapulver und 1 EL Olivenöl zur Hirse geben und gut mischen. Mit Salz abschmecken. Die Hirse auf vier Teller geben, jeweils 1 Tomate daraufsetzen und servieren.

MEIN SUPERFOODSTIPP

Petersilie wird in unseren Küchen häufig verwendet und ist überall erhältlich. Trotzdem schätzen wir dieses Kraut oft viel zu wenig: Es enthält äußerst viel Vitamin C, auf 100 g gerechnet, sind es fast dreimal so viel, wie in Zitronen steckt.

DIES IST EINES MEINER LIEBLINGSGERICHTE. ICH MAG DIE KOMBINATION AUS HIRSE, FRUCHTIGEN TOMATEN, DEFTIGER FÜLLUNG UND RAUCHIGEM AROMA. GANZ NEBENBEI: DAS GERICHT IST AUCH RUCK, ZUCK FERTIG.

MIE-NUDELN
----- MIT WOKGEMÜSE -----

SCHNELLES AUS DEM WOK

100 g rote oder gelbe Paprikaschoten
700 g Chinakohl
1 rote oder grüne Chilischote (am besten Habanero)
4 – 5 Frühlingszwiebeln (ca. 50 g)
200 g Shiitake
3 Knoblauchzehen
250 g Mie-Nudeln (auf Weizen- oder Dinkelbasis, ohne Ei)
2 EL geröstetes Sesamöl
4 EL neutrales Pflanzenöl zum Braten
6 EL Tamarisauce* (ersatzweise Shoyu- oder dunkle Sojasauce)
1 EL Reisessig (ersatzweise Apfel- oder Weißweinessig)
2 TL Agavendicksaft* (ersatzweise Ahorn- bzw. Reissirup oder 2 EL Apfelsüße, siehe Rezept S. 18)

♦

AUSSERDEM
1 kleines Bund Koriandergrün
4 EL Sprossen (z. B. Alfalfa, Rote Bete oder Erbsen)

♦

FÜR 4 PERSONEN
Zubereitungszeit: 30 Min.
Pro Portion ca. 430 kcal, 12 g EW, 17 g F, 57 g KH

1 Paprika, Chinakohl, Chilischote und Frühlingszwiebeln putzen, waschen und trocken tupfen. Die Paprika in 1/2 cm breite Streifen schneiden. Chinakohlblätter in feine Streifen teilen, die Chilischote fein würfeln. Die Frühlingszwiebeln in 1/2 cm breite Ringe schneiden. Die Pilze mit Küchenpapier sauber reiben und die Stiele abschneiden. Pilze in 1/2 cm breite Scheiben schneiden. Den Knoblauch schälen und fein würfeln.

2 Die Nudeln in eine Schüssel geben. Mit 1,75 l kochendem Wasser begießen und zugedeckt 6 Min. ziehen lassen. Dann in ein Sieb abgießen und mit dem gerösteten Sesamöl vermengen. Nudeln zugedeckt beiseitestellen.

3 Das Pflanzenöl in einer Wok- oder tiefen Pfanne erhitzen und die Pilze darin unter Rühren bei starker Hitze in 2 – 3 Min. goldbraun anbraten. Die weißen Teile der Frühlingszwiebeln, Knoblauch, Paprikastreifen und Chiliwürfel dazugeben und bei mittlerer Hitze unter Rühren ca. 2 Min. braten. Den Chinakohl dazugeben und ebenfalls unter Rühren ca. 1 Min. braten. Die Tamarisauce mit 2 EL Wasser, Essig und Agavendicksaft mischen und unter das Gemüse rühren. Das Wokgemüse zugedeckt auf der ausgeschalteten Herdplatte ziehen lassen.

4 Koriander und Sprossen waschen und trocken schütteln. Den Koriander fein hacken. Die Nudeln auf vier Teller verteilen, das Wokgemüse samt Sauce dazugeben und mit Sprossen und Koriander toppen.

GLÜCKSESSEN

DOPPELT GEBACKENE KARTOFFELN
----- MIT KOHLRABI-CARPACCIO -----

FÜR DIE KARTOFFELN
4 große mehligkochende Kartoffeln (ca. 700 g, z. B. Adretta oder Blauer Schwede)
5 EL Olivenöl
Salz
100 ml Pflanzenmilch*
1 Prise frisch geriebene Muskatnuss
1/2 Stange Lauch
schwarzer Pfeffer aus der Mühle

FÜR DAS CARPACCIO
1 Kohlrabi
2 EL Zitronensaft
Salz
schwarzer Pfeffer aus der Mühle
1/2 Bund glatte Petersilie

AUSSERDEM
Backpapier

FÜR 4 PERSONEN
Zubereitungszeit: 35 Min.
Backzeit: 55 - 60 Minuten
Pro Portion ca. 230 kcal, 4 g EW, 13 g F, 24 g KH

1 Backofen auf 240° vorheizen. Die Kartoffeln unter fließendem Wasser gründlich mit einer Gemüsebürste säubern, dann längs halbieren. Die Hälften mit 4 EL Öl einreiben und salzen. Auf ein mit Backpapier belegtes Backblech legen und im Ofen (Mitte) 35 – 40 Min. backen. (Die Kartoffeln sind gar, wenn man mit einer Gabel leicht in die Mitte stechen kann.)

2 Die Kartoffeln abkühlen lassen und das Innere mit einem Löffel oder Melonenausstecher vorsichtig herauskratzen. Dabei einen ca. 1/2 cm breiten Rand stehen lassen, damit die Schale nicht in sich zusammenfällt. Backofen auf 220° zurückschalten.

3 Pflanzenmilch und 1 EL Öl zur Kartoffelmasse geben, mit Muskat würzen und mit einem Kartoffelstampfer zerdrücken. Den Lauch putzen, längs aufschneiden und gründlich waschen. In feine Ringe schneiden und unter die Kartoffelmasse heben, mit Salz und Pfeffer würzen. Die Masse in die Kartoffelhüllen füllen und im Ofen (Mitte) ca. 20 Min. backen. Dabei in den letzten 5 Min. den Grill zuschalten, falls vorhanden.

4 Für das Carpaccio den Kohlrabi schälen und mit einem Gemüsehobel in hauchdünne Scheiben teilen. Die Scheiben auf vier Tellern auslegen und mit Zitronensaft beträufeln. Mit Salz und Pfeffer würzen.

5 Die Petersilie waschen und trocken schütteln, fein hacken und über das Carpaccio streuen. Je 2 Kartoffelhälften auf das Carpaccio setzen.

GLÜCKSESSEN

SIEHT NICHT NUR GUT AUS, SCHMECKT AUCH GENIAL: DIE WÜRZIGE KARTOFFELFÜLLUNG IST EIN CREMIGER KONTRAST ZUM KNACKIG-FRISCHEN KOHLRABI-CARPACCIO.

TAHINTÜRMCHEN
---- MIT MARINIERTEN PILZEN ----

CREMIG, KNACKIG, WÜRZIG

FÜR DIE TÜRMCHEN
1 großer grüner oder gelber Zucchino (250-300 g)
Salz
1 EL Sesamöl + etwas mehr zum Garnieren

♦

FÜR DIE PILZE
1/2 Bund Schnittlauch
100 g Shiitake
2 TL Zitronensaft
2 EL Tamarisauce*
2 EL Sesamöl + etwas mehr zum Anrichten
schwarzer Pfeffer aus der Mühle

♦

FÜR DIE TAHINCREME
1 kleine Orange
1 Bund Schnittlauch
1 Bund Dill
100 g Tahin (Sesampaste)
Salz
schwarzer Pfeffer aus der Mühle

♦

AUSSERDEM
3 EL feine Sprossen (z.B. Alfalfa, Radieschen, Rote Bete)

♦

FÜR 4 PERSONEN
Zubereitungszeit: 40 Min.
Ziehzeit: 1 Std.
Backzeit: 5 - 8 Min.
Pro Portion ca. 235 kcal, 6 g EW, 19 g F, 10 g KH

1 Für die Türmchen den Zucchino waschen und in 4 gleich große, ca. 5–7 cm lange Stücke schneiden. Mit einem Melonenausstecher jeweils drei Viertel des Fruchtfleisches aus den Zucchinistückchen entfernen, sodass unten ein Boden und an den Seiten ein Rand stehen bleibt. In einer Schüssel mit 1 gestrichenen TL Salz bestreuen und 1 Std. ziehen lassen.

2 Inzwischen für die Pilze den Schnittlauch waschen, trocken schütteln und in feine Ringe schneiden. Die Pilze mit Küchenpapier sauber reiben, Stiele entfernen. Pilze in sehr feine Scheiben schneiden. Zitronensaft mit Tamarisauce, Sesamöl und Schnittlauch verrühren. Die Marinade unter die Pilze heben und mit Pfeffer würzen.

3 Den Backofen auf 180° vorheizen. Das ausgetretene Wasser von den marinierten Zucchinitürmchen abgießen und 1 EL Sesamöl mit den Händen einmassieren. Die Stücke auf ein Backblech setzen und im Ofen (Mitte) in 5–8 Min. sehr bissfest garen.

4 Inzwischen für die Tahincreme die Orange auspressen und den Saft in eine Schüssel geben. Die Kräuter waschen, trocken schütteln und fein hacken. Das Tahin mit dem Orangensaft verrühren, dann esslöffelweise Wasser zugeben und weiterrühren, bis die Creme hell und gleichmäßig glänzt. Die Kräuter hinzufügen und mit Salz und Pfeffer würzen.

5 Die marinierten Pilze kreisförmig auf vier Tellern anrichten. In die Mitte je 1 Zucchinitürmchen setzen und mit der Tahincreme füllen. Tahintürmchen mit den Sprossen garnieren und mit etwas Sesamöl beträufeln.

MEIN PRAXISTIPP
Die restliche Tahincreme hält sich mehrere Tage im Kühlschrank und ist ein leckerer Brotaufstrich.

GLÜCKSESSEN

GEFÜLLTE CHAMPIGNONS
----- MIT MÖHREN-CARPACCIO -----

HILFT GEGEN WINTERBLUES

FÜR DIE CHAMPIGNONS
8 große braune Champignons (Ø ca. 6 – 7 cm)
4 EL Sojasauce* (ersatzweise Tamarisauce)
2 Zucchini (ca. 300 g) | Salz
3 EL geschrotete Leinsamen
40 g Buchweizenflocken
1 Bund Petersilie

FÜR DAS CARPACCIO
500 g Möhren
Salz
Saft und abgeriebene Schale von 1 kleinen Bio-Zitrone
2 EL Agavendicksaft*
4 EL Olivenöl (ersatzweise Sesam- oder Walnussöl)

FÜR DAS MANDELDRESSING
160 g Mandelmus* (ersatzweise Cashewmus)
Saft und abgeriebene Schale von 1 kleinen Bio-Zitrone
2 Msp. Kala Namak* (ersatzweise Salz)
1/2 TL Chilipulver
1 Bund Schnittlauch

AUSSERDEM
2 TL rosa Pfefferbeeren

FÜR 4 PERSONEN
Zubereitungszeit: 50 Min.
Pro Portion ca. 515 kcal, 13 g EW, 37 g F, 30 g KH

1 Den Backofen auf 50° vorheizen. Die Champignonköpfe mit Küchenpapier sauber abreiben. Die Stielansätze entfernen und die Hutaußenseiten mit einem Messer gitterförmig einritzen. Die Champignons mit 2 EL Sojasauce beträufeln, gut vermischen und ziehen lassen.

2 Für das Carpaccio die Möhren waschen und putzen. Mit einem Gemüsehobel längs in max. 1 mm dünne Scheiben hobeln und auf einen Teller legen, leicht salzen. Zitronensaft, -schale, Agavendicksaft und Öl verrühren, mit etwas Salz würzen und die Möhren mit dem Dressing bestreichen. Im Ofen (Mitte) ca. 30 Min. ziehen lassen.

3 Für die Champignonfüllung die Zucchini waschen und fein raspeln, mit Salz bestreuen und 10 Min. ziehen lassen. Raspel ausdrücken, Leinsamen und 2 EL Zucchiniwasser verrühren. Zucchiniraspel und Buchweizenflocken untermischen und ca. 2 Min. quellen lassen. Die Petersilie waschen, trocken schütteln und fein hacken.

4 Die Zucchini-Leinsamen-Masse mit 2 EL Sojasauce und der Petersilie mischen. Die Champignonköpfe etwas abtropfen lassen und mit der Masse füllen.

5 Für das Mandeldressing das Mandelmus mit 200 ml Wasser, Zitronensaft und -schale, Kala Namak und Chilipulver glatt rühren oder mixen. Den Schnittlauch waschen, trocken schütteln und in feine Röllchen schneiden. Bis auf 1 EL zum Dressing geben.

6 Die Möhrenscheiben leicht überlappend als Carpaccio auf vier Tellern anrichten. Je 2 Champignons daraufsetzen und mit dem Mandeldressing beträufeln. Mit dem übrigen Schnittlauch und roten Pfefferbeeren garnieren.

MEIN GLÜCKSTIPP

Pilze enthalten Vitamin D, das nicht allzu oft in Lebensmitteln vorkommt, sondern normalerweise vom Körper selbst gebildet wird. Allerdings nur, wenn wir unsere Haut regelmäßig der Sonne aussetzen. Ein Vitamin-D-Mangel macht sich darum vor allem im Winter bemerkbar, etwa als »Winterblues«. Essen Sie also oft Pilze, das macht den ganzen Körper happy!

GLÜCKSESSEN

ICH LIEBE PILZE NICHT NUR GEBRATEN, SONDERN AUCH ROH UND KURZ MARINIERT. DAS MARINIEREN KITZELT EIN GANZ ANDERES, SEHR FEINES AROMA AUS DEN PILZEN, UND DIE NÄHRSTOFFE BLEIBEN ERHALTEN.

GEBACKENER BLUMENKOHL
----- MIT CHILI-MANDEL-MAYONNAISE -----

MIT MADRAS-CURRY

FÜR DEN BLUMENKOHL
1 Blumenkohl (ca. 1,3 kg)
Salz
3 TL Currypaste Madras
2 EL Tamarisauce* (ersatzweise Sojasauce)
3 EL Sesamöl
1 TL Agavendicksaft* (ersatzweise Ahornsirup)
1/2 Bund Koriandergrün

FÜR DIE MAYONNAISE
80 g Mandelmus*
60 ml neutrales Pflanzenöl
1 EL Weißweinessig (ersatzweise Apfelessig)
Salz (ersatzweise Kala Namak*, nach Belieben)
1 rote, grüne oder gelbe Chilischote

FÜR DEN SALAT
3 Romana-Salatherzen
1 kleine Zwiebel (ersatzweise Schalotte)
4 EL Olivenöl
2 EL Aceto balsamico rosso
Salz
schwarzer Pfeffer aus der Mühle
2 TL Agavendicksaft* (ersatzweise Ahornsirup)

AUSSERDEM
1 Auflaufform (ca. 30 x 30 cm)

FÜR 4 PERSONEN
Zubereitungszeit: 45 Min.
Backzeit: ca. 25 Min.
Pro Portion ca. 510 kcal, 10 g EW, 45 g F, 16 g KH

1 Den Backofen auf 200° vorheizen. Den Blumenkohl waschen, die Blätter entfernen und den Strunk trichterförmig herausschneiden. Den Blumenkohl in einem Topf mit leicht gesalzenem Wasser aufkochen und zugedeckt ca. 10 Min. bei mittlerer Hitze vorgaren. Kurz abtropfen lassen und in die Auflaufform setzen.

2 Currypaste, Tamarisauce, Sesamöl und Agavendicksaft verrühren und den Blumenkohl damit rundherum einreiben. Im Ofen (Mitte) ca. 25 Min. backen.

3 Inzwischen für die Mayonnaise das Mandelmus mit den Quirlen des Handrührgeräts kurz aufschlagen und dabei nach und nach 60 ml kaltes Wasser dazugeben. Dann in einem dünnen Strahl das Öl einfließen lassen und auf mittlerer Stufe sorgfältig untermixen, bis eine glänzende Creme entstanden ist. Die Creme mit Weißweinessig und Salz abschmecken. Die Chili längs halbieren, putzen, in feine Würfel schneiden und unter die Mayonnaise heben.

4 Für den Salat die Salatherzen waschen, trocken schleudern und quer in feine Streifen schneiden. Die Zwiebel schälen und sehr fein hacken. Olivenöl, Balsamico-Essig, Zwiebel, 1/3 TL Salz, 1/2 TL Pfeffer und Agavendicksaft gut verrühren und kurz vor dem Servieren unter die Salatstreifen heben.

5 Den Koriander waschen, trocken schütteln und fein hacken. Den Blumenkohl achteln, auf vier Teller verteilen und mit Koriander bestreuen. Den grünen Salat dazugeben und die Chili-Mandel-Mayonnaise als Dip in einem Schälchen dazu servieren.

MEIN VORRATSTIPP
Von der Mayonnaise bereite ich gerne mal ein bisschen mehr zu. Sie hält sich ca. 1 Woche im Kühlschrank.

GLÜCKSESSEN

WIRSINGROLLE
---- MIT TOMATEN-TAHIN-SAUCE ----

MIT AMARANT UND MARONEN

FÜR DIE ROLLE
200 g Amarant
10 Wirsingblätter
Salz (ersatzweise Rauchsalz*)
400 g geschälte, vorgegarte Maronen
1 große rote Zwiebel
1/2 Bund Majoran
4 Zweige Rosmarin
2 EL neutrales Pflanzenöl zum Braten

FÜR DIE SAUCE
1 Knoblauchzehe
400 g gehackte Tomaten (aus der Dose)
30 g Tahin (Sesampaste)
3 TL Harissapaste
1 EL Zitronensaft
1 Prise Rauchsalz* (ersatzweise Meersalz)
1 EL Ahornsirup (ersatzweise 1 TL Dattelpaste, siehe Rezept S. 19)
je 1 EL schwarze und helle Sesamsamen

AUSSERDEM
1 Auflaufform (40 x 20 cm)
Backpapier

FÜR 4 PERSONEN
Zubereitungszeit: 40 Min.
Backzeit: 30 Min.
Pro Portion ca. 515 kcal, 16 g EW, 17 g F, 72 g KH

1 Für die Rolle den Amarant mit 500 ml Wasser 2 Min. lang sprudelnd kochen. Danach zugedeckt bei ganz schwacher Hitze ca. 20 Min. quellen lassen. Falls nötig, überschüssiges Wasser abgießen.

2 Inzwischen die harten Mittelrippen der Wirsingblätter herausschneiden. In einem Topf 3 l Wasser mit 1 TL Salz zum Kochen bringen. Die Wirsingblätter darin 30 Sek. blanchieren, dabei mit dem Schaumlöffel unter Wasser drücken. Die Blätter in ein Sieb abgießen, mit eiskaltem Wasser abschrecken und mit Küchenpapier abtupfen.

3 Die Maronen grob hacken, die Zwiebel schälen und fein hacken. Die Kräuter waschen, trocken schütteln, die Blätter bzw. Nadeln von den Stängeln zupfen und fein hacken. Das Öl in einer Pfanne erhitzen und die Zwiebel darin bei mittlerer Hitze glasig dünsten. Die Maronen dazugeben und unter Rühren ca. 2 Min. anbraten. Die Pfanne vom Herd nehmen und die Kräuter unterheben. Mit Salz würzen. Den Backofen auf 200° vorheizen.

4 Für die Sauce den Knoblauch schälen und mit Tomaten, Tahin, Harissapaste und Zitronensaft pürieren. Mit Rauchsalz und Ahornsirup abschmecken und in die Auflaufform geben.

5 Die Wirsingblätter in zwei Reihen leicht überlappend zu einem Rechteck von ca. 40 x 50 cm auslegen und mit den Händen platt drücken. Den gegarten Amarant zur Maronen-Zwiebel-Mischung geben und mit Salz würzen. Die Masse auf den Wirsingblättern verteilen, dabei an dem Seiten einen Rand von ca. 4 cm frei lassen. Die Wirsingblätter von der kürzeren Seite her fest aufrollen. Nach einem Drittel die Seitenränder einklappen und weiter aufrollen. Die Wirsingrolle mit der Verschlussnaht nach unten in die Auflaufform legen, mit einem Bogen Backpapier oder einem Deckel abdecken und im Ofen (Mitte) ca. 30 Min. backen.

6 Die Wirsingrolle aus der Form heben und in 8 Scheiben schneiden. Auf vier Teller verteilen und die Tomaten-Tahin-Sauce dazugeben. Die Sesamsamen mischen und darüberstreuen.

GLÜCKSESSEN

OBWOHL ICH EIN ECHTES SOMMERKIND BIN UND DIE HEISSE JAHRESZEIT LIEBE: DER WINTER HAT AUCH SEINE VORTEILE. ZUM BEISPIEL, DASS ES AUF DEM MARKT ENDLICH WIEDER MARONEN UND WIRSING GIBT.

GEGRILLTE ROTE-BETE-BIRNEN-PÄCKCHEN
----- MIT MAIS -----

GRILL WAS BUNTES!

FÜR DEN MAIS
2 EL neutrales Pflanzenöl zum Braten
100 ml Pils
2 EL Ahornsirup
2 TL Rauchsalz* (ersatzweise Meersalz)
3 TL mittelscharfer Senf
2 Maiskolben

FÜR DIE KARTOFFELN
4 Kartoffeln (à ca. 80 g)
Salz
2 EL neutrales Pflanzenöl zum Braten
4 Zweige Rosmarin

FÜR DIE ROTE-BETE-PÄCKCHEN
2 Rote Bete
1 Birne
Saft und abgeriebene Schale von 1/2 Bio-Zitrone
1 EL Ahornsirup (ersatzweise Agavendicksaft*)
Salz
1 TL Weißweinessig
2 EL Olivenöl
1/4 Bund Thymian

AUSSERDEM
4 Holzspieße
Alufolie
Backpapier

FÜR 4 PERSONEN
Zubereitungszeit: 50 Min.
Grillzeit: 25–30 Min.
Pro Portion ca. 525 kcal, 10 g EW, 18 g F, 77 g KH

1 Die Holzspieße 30 Min. wässern, damit sie später auf dem Grill nicht verbrennen. Den (Holzkohle- oder Gas-) Grill anheizen. Für die Maismarinade alle Zutaten bis auf die Maiskolben miteinander verrühren. Mais quer halbieren und die Hälften auf je 1 Holzspieß stecken. Mit der Marinade übergießen und ziehen lassen.

2 Die Kartoffeln gründlich waschen und längs halbieren. 1 TL Salz und das Öl miteinander verrühren, die Kartoffelhälften damit einreiben. Rosmarin waschen und trocken schütteln. Je 1 Rosmarinzweig zwischen je 2 Kartoffelhälften legen. Leicht zusammendrücken und jede Kartoffel in Alufolie verpacken.

3 Die Roten Beten unter fließendem Wasser abbürsten und trocken tupfen. Stielansatz und Strunk entfernen und die Knollen achteln. Die Birne waschen, in 8 Spalten schneiden, Stiel und Kerngehäuse entfernen. Die Birnenspalten mit dem Zitronensaft mischen.

4 Ahornsirup, 1 leicht gehäuften TL Salz, Essig und Öl zur Marinade verrühren. Thymian waschen und trocken schütteln. Birnen- und Rote-Bete-Spalten auf Backpapier legen, mit der Marinade beträufeln und Thymian dazugeben. Das Päckchen an beiden Seiten mit Alufolie verschließen. Dazu einen dünnen Folienstreifen wie Garn um die Seiten der Päckchen legen und gut zudrehen.

5 Die Maiskolbenspieße aus der Marinade nehmen, kurz abtropfen lassen und ca. 25 Min. grillen (nicht in der heißesten Grillzone in der Mitte, sondern etwas seitlich). Die Kolben zwischendurch wenden oder einen Deckel auf den Grill legen, falls vorhanden. Gelegentlich mit der Marinade bestreichen.

6 Rote-Bete-Päckchen und Kartoffeln 25–30 Min. (Garprobe mit einem Holzstäbchen nach 25 Min.) grillen. Die Kartoffeln in den ersten 5 Min. über der heißesten Zone des Grills garen, danach etwas zur Seite rücken. Rote-Bete-Päckchen an den Rand legen. Falls kein Deckel vorhanden ist, 1- bis 2-mal wenden.

ALS ICH VEGAN WURDE, GRILLTE ICH AUS ALTER GEWOHNHEIT IM SOMMER WEITERHIN EINFACH WÜRSTCHEN – NATÜRLICH IN DER PFLANZLICHEN VARIANTE. ERST ALS ICH DAS GEMÜSEGRILLEN ENTDECKTE, WURDEN MEINE GRILLABENDE SEHR VIEL BUNTER!

KARTOFFEL-SELLERIE-STAMPF
----- MIT LAUWARMER AUBERGINEN-PAPRIKA-STIPPE -----

WIE FRÜHER, NUR BESSER

FÜR DEN STAMPF
300 g Knollensellerie
600 g mehligkochende Kartoffeln
200 ml Haferdrink (ungesüßt)
Salz
1 EL weißes Mandelmus* (15 g)
1 Msp. frisch geriebene Muskatnuss

FÜR DIE STIPPE
1 Gemüsezwiebel
2 Auberginen
60 g Sivripaprika (ersatzweise mittelscharfe grüne Chilischoten)
2 rote oder gelbe Paprikaschoten
1 Fleischtomate
4–5 EL neutrales Pflanzenöl zum Braten
2 Sternanise
Salz
1 Bio-Zitrone
4 Medjool-Datteln (80 g)
4–5 Kalamata-Oliven
2 Zweige Rosmarin
4 EL Olivenöl

FÜR 4 PERSONEN
Zubereitungszeit: 40 Min.
Pro Portion ca. 455 kcal, 9 g EW, 27 g F, 37 g KH

1 Für den Stampf Sellerie und Kartoffeln schälen und waschen. Die Kartoffeln längs halbieren und dann quer vierteln, den Sellerie in 5 cm große Würfel schneiden. Das Gemüse mit dem Haferdrink und 100 ml Wasser in einen Topf geben. Aufkochen, dann zugedeckt bei schwacher Hitze in ca. 30 Min. gar kochen.

2 Inzwischen für die Stippe die Zwiebel schälen und fein würfeln. Das restliche Gemüse waschen. Die Aubergine in 1 cm große Würfel schneiden. Die Sivripaprika und Paprika halbieren und entkernen. Die Sivri in feine Ringe schneiden, die größeren Schoten würfeln. Beide Paprikasorten grob hacken. Die Tomate von Stielansatz und Kernen befreien und fein hacken.

3 In einer Pfanne 4 EL Öl erhitzen. Die Auberginen darin 5 Min. bei starker Hitze anbraten, dabei gelegentlich umrühren. Dann die Zwiebelwürfel dazugeben und bei mittlerer Hitze ca. 5 Min. mit anbraten, nach Belieben noch 1 EL Öl dazugeben. Sternanise, 1 TL Salz, Paprika, Sivripaprika und Tomatenwürfel dazugeben. Zugedeckt bei ganz schwacher Hitze ca. 5 Min. dünsten.

4 Inzwischen die Zitrone heiß abwaschen, trocken tupfen, die Schale abreiben und den Saft auspressen. Die Medjool-Datteln und die Oliven entkernen und sehr fein hacken. Den Rosmarin waschen, trocken schütteln, die Nadeln fein hacken.

5 Alles in einer Schüssel mit dem Olivenöl vermengen, in die Pfanne zum Gemüse gießen und gut umrühren. Die Stippe auf der ausgeschalteten Herdplatte warm halten. Kurz vor dem Servieren noch einmal umrühren, mit Salz abschmecken und die Sternanise entfernen.

6 Mandelmus zum Kartoffel-Sellerie-Gemüse geben, in die Hafermilch-Wasser-Mischung einrühren und alles mit einem Kartoffelstampfer zum cremigen Mus zerdrücken. Mit Muskat und nach Belieben etwas mehr Salz abschmecken. Den Stampf mittig auf vier Teller geben. Mit einem Esslöffel jeweils eine Mulde hineindrücken und die lauwarme Stippe hineinfüllen.

GLÜCKSESSEN

MANGOLD-LAUCH-LASAGNE
----- MIT ROTER BETE -----

PINK POWER!

FÜR DIE CASHEWCREME
125 g Cashewnusskerne
2 EL Zitronensaft | 1 Knoblauchzehe
2 EL Hefeflocken* (20 g) | Salz
schwarzer Pfeffer aus der Mühle
1 Msp. frisch geriebene Muskatnuss

FÜR DIE NUDELPLATTEN
100 g Rote Bete | 70 g Walnusskerne
100 g Dinkelvollkorngrieß | 130 g Dinkelvollkornmehl
Salz | 2 TL Olivenöl

FÜR DIE FÜLLUNG
400 g Mangold (grün oder bunt)
3 große Stangen Lauch (ca. 780 g)
Salz | schwarzer Pfeffer aus der Mühle

AUSSERDEM
Mehl zum Arbeiten
1 Auflaufform (ca. 30 x 20 cm)
1 ofenfeste Form
3 EL Semmelbrösel (nach Belieben)

FÜR 4 PERSONEN
Zubereitungszeit: 1 Std. 20 Min.
Einweichzeit: 8 Std. oder über Nacht
Backzeit: 45 Min.
Pro Portion ca. 590 kcal, 23 g EW, 29 g F, 58 g KH

1 Am Vortag für die Cashewcreme die Cashewnüsse mit reichlich Wasser bedeckt einweichen. Am Zubereitungstag die Nüsse in ein Sieb abgießen, abbrausen und mit dem Zitronensaft und 200 ml Wasser sehr fein pürieren. Die Knoblauchzehe schälen und grob hacken. Mit den Hefeflocken zur Cashewsauce geben und nochmals pürieren. Mit Salz, Pfeffer und Muskatnuss würzen.

2 Für die Nudelplatten die Rote Bete gründlich waschen. Den Wurzel- und Stielansatz entfernen und die Knolle mit Schale ca. 1 cm groß würfeln. In 400 ml Wasser zugedeckt bei mittlerer Hitze in 10–15 Min. gar kochen. Die Rote Bete mit 100 ml Kochwasser fein pürieren.

3 Die Walnüsse in einer Pfanne ohne Fett rösten, bis sie duften. Die Nüsse kurz abkühlen lassen, dann fein mahlen oder hacken. Dinkelgrieß, -mehl, Nüsse und 1 leicht gehäuften TL Salz in einer Schüssel vermischen. Die Rote Bete und das Olivenöl dazugeben. Alles in 3–4 Min. mit den Händen oder den Knethaken des Handrührgeräts zu einem glatten Teig verkneten. Zur Kugel formen und zugedeckt kühl stellen.

4 Für die Füllung Mangold und Lauch putzen, waschen. Lauch und Mangoldstiele in 1 cm dicke Stücke, Mangoldblätter in Streifen schneiden. In einem Topf ca. 3 l Wasser mit 2 TL Salz zum Kochen bringen. Lauch und Mangoldstiele darin 2 Min. blanchieren. Die Mangoldblätter dazugeben und alles weitere 30 Sek. blanchieren. Das Gemüse in ein Sieb abgießen, mit eiskaltem Wasser abschrecken und abtropfen lassen. Das Gemüse in einer Schüssel mit zwei Drittel der Cashewcreme vermengen. Kräftig mit Salz und Pfeffer abschmecken, beiseitestellen.

5 Den Backofen auf 200° vorheizen. Den Nudelteig auf einer leicht bemehlten Arbeitsfläche zu einer ca. 25 cm langen Rolle formen, in 4 gleich große Teile schneiden. 2 EL Cashewcreme auf dem Boden der Auflaufform verstreichen. Ein Viertel des Nudelteigs zu einer ca. 20 x 30 cm großen Platte ausrollen und locker auf die Cashewcreme legen. Ein Drittel der Gemüse-Cashew-Mischung darauf verteilen. Diesen Vorgang noch zweimal wiederholen, mit der vierten Nudelplatte abschließen und mit der restlichen Cashewsauce bestreichen.

6 Eine mit Wasser gefüllte Form auf den Boden des Backofens stellen. Die Lasagne im Ofen (2. Schiene von unten) in ca. 45 Min. goldbraun backen, dabei nach 20 Min. die Auflaufform entfernen und nach Belieben die Semmelbrösel auf die Lasagne streuen. Die Lasagne vor dem Anschneiden 10 Min. ruhen lassen.

WAS ICH AN GEMÜSE SO LIEBE? DIE VIELFÄLTIGEN FARBEN, MIT DENEN MAN IN DER KÜCHE UND AUF DEM TELLER SO HERRLICH VARIIEREN KANN.

GEFÜLLTER KÜRBIS
----- MIT JOGHURT-SESAM-SAUCE -----

MIT KLEINEM SCHWARZEN

FÜR DEN GEFÜLLTEN KÜRBIS
2 Hokkaidokürbisse (à ca. 750 g, Ø ca. 12 cm)
Salz
120 g schwarzer Reis
250 g Shiitake (ersatzweise braune Champignons)
200 g rote oder gelbe Paprikaschoten
200 g Naturtofu* (ersatzweise Tempeh)
1 rote Chilischote
1 Zwiebel
6 Zweige Rosmarin
4 EL neutrales Pflanzenöl zum Braten
6 EL Shoyusauce* (ersatzweise Tamari- oder Sojasauce)
2 TL Agavendicksaft* (ersatzweise Ahorn- oder Reissirup)
400 g gehackte Tomaten (aus der Dose)
1 Bio-Zitrone

FÜR DIE JOGHURTSAUCE
300 g Sojajoghurt* (ungesüßt)
5 EL Nusssahne (siehe Rezept S. 16; ersatzweise Pflanzensahne* zum Kochen)
1 EL schwarze Sesamsamen (ersatzweise helle
Sesamsamen)
1/2 TL Kala Namak* (ersatzweise Salz)
1 kleines Bund Schnittlauch
Salz
schwarzer Pfeffer aus der Mühle

AUSSERDEM
Backpapier

FÜR 4 PERSONEN
Zubereitungszeit: 1 Std. 20 Min.
Backzeit: 50 Min.
Pro Portion ca. 520 kcal, 21 g EW, 22 g F, 58 g KH

1 Den Backofen auf 200° vorheizen. Die Kürbisse waschen und Wurzel- sowie Stielansatz abschneiden. Die Kürbisse quer halbieren, Kerne und Fasern mit einem Löffel entfernen und die Hälften mit 1 gestrichenen TL Salz bestreuen. Auf ein mit Backpapier ausgelegtes Backblech setzen und mit Wasser füllen. Die Kürbisse im Ofen (2. Schiene von unten) ca. 40 Min. backen.

2 Inzwischen den Reis in einem Topf mit 300 ml Wasser und 1 Prise Salz zum Kochen bringen und zugedeckt bei ganz schwacher Hitze ca. 30 Min. köcheln. Dann offen ausdampfen lassen.

3 Inzwischen die Pilze, falls nötig, mit Küchenpapier abreiben, die Stiele entfernen. Die Paprika putzen, waschen. Den Tofu mit Küchenpapier trocken tupfen. Tofu, Paprika und Pilze 1 cm groß würfeln. Chili waschen, entkernen, Zwiebel schälen und beides fein würfeln. Rosmarin waschen, trocken schütteln und 4 Spitzen beiseitelegen. Übrigen Rosmarin fein hacken.

4 Das Öl in einer Pfanne erhitzen und den Tofu und die Pilze darin ca. 5 Min. bei starker Hitze anbraten, dabei gelegentlich umrühren. Die Zwiebelwürfel dazugeben und 1 Min. mitbraten. Paprika, Chili, Shoyusauce, Rosmarin, Agavendicksaft, gekochten Reis und Tomaten dazugeben und alles bei mittlerer Hitze ca. 1 Min. aufkochen. Die Pfanne danach vom Herd nehmen. Die Zitrone heiß abwaschen, trocken tupfen, die Schale abreiben und den Saft auspressen. Zitronensaft unter die Reis-Gemüse-Mischung in der Pfanne rühren.

5 Die Kürbishälften aus dem Ofen nehmen und das Wasser abgießen. Die Reis-Gemüse-Mischung in die Hälften füllen und jeweils 1 Rosmarinspitze darauflegen. Im Ofen (2. Schiene von unten) ca. 10 Min. überbacken.

6 Für die Sauce den Joghurt mit Nusssahne, Sesam, Zitronenschale und Kala Namak verrühren. Den Schnittlauch waschen und trocken schütteln, in feine Röllchen schneiden und zum Joghurt geben. Mit Salz und Pfeffer würzen. Die Kürbishälften auf vier Teller verteilen und mit der Joghurtsauce beträufeln.

GLÜCKSESSEN

SCHWARZER REIS VERLEIHT DIESEM GERICHT EINE BESONDERS NUSSIGE NOTE. ER BRINGT ZUDEM EINE MENGE INHALTSSTOFFE MIT, DIE WEISSEN POLIERTEN REIS GANZ BLASS AUSSEHEN LASSEN.

KÜRBISGNOCCHI

----- MIT HASELNUSS-ROMANESCO UND CHILI-SPITZKOHL -----

FEINES IM HERBST

FÜR DIE GNOCCHI
1,5 kg Butternutkürbis (ersatzweise Hokkaidokürbis)
5 EL Olivenöl | Salz
100 g Speisestärke + etwas mehr für die Arbeitsfläche
1/2 TL frisch geriebene Muskatnuss
schwarzer Pfeffer aus der Mühle

✦

FÜR DEN ROMANESCO
800 g Romanesco | 40 g Haselnusskerne | Salz
5 Zweige Thymian (ersatzweise 1 TL getrockneter Thymian)
1-2 EL neutrales Pflanzenöl zum Braten
1 TL Kala Namak* (ersatzweise Meersalz)
1 Bio-Zitrone

✦

FÜR DEN SPITZKOHL
900 g Spitzkohl | 1 Zwiebel
1-2 rote Chilischoten (ersatzweise Peperoni)
4 EL neutrales Pflanzenöl zum Braten
800 ml Gemüsebrühe (ersatzweise Wasser)
5 EL zimmerwarmes Mandelmus* (75 g) | Salz

✦

AUSSERDEM
Backpapier

✦

FÜR 4 PERSONEN
Zubereitungszeit: 1 Std. 30 Min.
Pro Portion ca. 675 kcal, 15 g EW, 46 g F, 47 g KH

1 Den Backofen auf 200° vorheizen. Für die Gnocchi den Kürbis schälen, Kerne und Fasern mit einem Löffel entfernen. Fruchtfleisch waschen, abtropfen lassen und in ca. 2 cm große Würfel schneiden. Backblech mit Backpapier auslegen, die Würfel daraufgeben und mit 1 EL Olivenöl und 1 gestrichenen TL Salz vermengen. Den Kürbis im Ofen (Mitte) in 15 – 20 Min. weich backen.

2 Inzwischen den Romanesco waschen, putzen und in kleine Röschen teilen. Die Nüsse grob hacken. Den Spitzkohl putzen, waschen, längs halbieren und den Strunk entfernen. Die Hälften quer in feine Streifen schneiden. Die Zwiebel schälen und fein würfeln. Chili waschen, nach Belieben entkernen und in feine Streifen schneiden.

3 Den Kürbis aus dem Ofen nehmen, etwas abkühlen lassen und mit einer Gabel fein zerdrücken, dabei restliches Olivenöl, Speisestärke, Muskat und 2 Msp. Pfeffer dazugeben. (Der Teig darf noch leicht kleben.)

4 Die Arbeitsfläche und die Hände leicht mit Speisestärke bestäuben und aus dem Teig 4 Rollen (30 cm lang, ca. 2 1/2 cm Ø) formen. Aus jeder Rolle ca. 20 Stücke, je 1 – 1 1/2 cm dick, schneiden. Die Stücke oval formen und mit einer Gabel über die Arbeitsfläche rollen (für das typische Gnocchimuster). Auf einem Teller beiseitestellen.

5 Den Romanesco knapp mit Salzwasser bedecken, aufkochen und 5 Min. bei schwacher Hitze kochen. Dann in ein Sieb abgießen, mit eiskaltem Wasser abschrecken und abtropfen lassen. Den Thymian waschen, trocken schütteln und die Blättchen abstreifen, dabei 4 schöne Zweigspitzen beiseitelegen. Die Thymianblätter fein hacken.

6 Für den Spitzkohl das Öl in einer Pfanne erhitzen und die Zwiebelwürfel darin in 3 – 4 Min. glasig dünsten. Die Chili und den Spitzkohl dazugeben und mit der Brühe ablöschen. Das Mandelmus einrühren und den Spitzkohl zugedeckt bei schwacher Hitze 10 Min. köcheln lassen, bis die Sauce eindickt. Mit Salz würzen.

7 In einem Topf ca. 3 l Salzwasser aufkochen und die Gnocchi darin bei schwacher Hitze 4 – 5 Min. ziehen lassen, bis sie nach oben steigen. In ein Sieb abgießen.

8 In einer Pfanne 1 – 2 EL Öl erhitzen und den Romanesco darin bei starker Hitze ca. 2 Min anbraten. Haselnüsse, Thymian und Kala Namak dazugeben. Die Zitrone heiß abwaschen, trocken tupfen und die Schale mit einem Zestenreißer abziehen. Den Chili-Spitzkohl auf vier Teller verteilen, Romanesco und Gnocchi daraufgeben, mit Zitronenzesten und Thymianzweigen garnieren.

GLÜCKSESSEN

ICH MAG GNOCCHI AUS KÜRBIS VIEL LIEBER ALS DIE TRADITIO-
NELLEN KARTOFFELGNOCCHI. DAS LIEGT VOR ALLEM AN IHRER
BESONDERS NUSSIGEN NOTE UND DER SCHÖNEN FARBE.

FERMENTIERTER WIRSING

SCHARF UND WÜRZIG

----- »KIMCHI STYLE« -----

1,2 kg Wirsing
60 g Salz
3 Lorbeerblätter
3 Wacholderbeeren
1 walnussgroßes Stück Ingwer
4 Frühlingszwiebeln
1/2 TL Chiliflocken (ersatzweise Chilipulver)
3 TL rosenscharfes Paprikapulver
6 EL Reisessig (ersatzweise Weißweinessig)
6 EL Reissirup (ersatzweise Agavendicksaft*)
4 EL Tamarisauce* (ersatzweise Soja- oder Shoyusauce)

AUSSERDEM
1 Einmachglas (ca. 2 l Inhalt, sterilisiert, siehe S. 44)

FÜR 1 GLAS (CA. 30 PORTIONEN)
Zubereitungszeit: 35 Min.
Ziehzeit: 5 – 6 Tage
Pro Portion ca. 20 kcal, 1 g EW, 0 g F, 4 g KH

1 Den Wirsing putzen, ein großes Blatt ablösen und beiseitelegen. Den Wirsing sechsteln, dann ohne Strunk in mundgerechte Stücke schneiden. In einer Schüssel 750 ml heißes Wasser mit dem Salz vermischen.

2 Die Hälfte der Wirsingstücke, 2 Lorbeerblätter und die Wacholderbeeren in das Glas schichten, die Hälfte des Salzwassers darübergeben. Den restlichen Wirsing sowie das dritte Lorbeerblatt ebenfalls in das Glas schichten. Mit dem übrigen Salzwasser begießen, alles mit einem Löffel herunterdrücken und das zurückbehaltene Wirsingblatt als Abschluss obenauf legen. Wenn nötig, etwas Wasser nachgießen, der Wirsing sollte komplett bedeckt sein. Zum Fermentieren das Glas 4 – 5 Tage bei Zimmertemperatur stehen lassen. Einmal täglich den Deckel des Glases kurz öffnen.

3 Nach Ende der Fermentierzeit das Salzwasser abgießen, Wacholder und Lorbeer entfernen und den Wirsing in eine große Schüssel geben.

4 Für das Kimchi den Ingwer schälen und fein reiben oder fein würfeln. Die Frühlingszwiebeln waschen und in ca. 1/2 cm breite Ringe schneiden. Ingwer, Frühlingszwiebeln, Chiliflocken, Paprikapulver, Reisessig, Reissirup sowie Tamarisauce mischen und über den Wirsing gießen. Mit den Händen gut vermischen und alles zurück in das Glas füllen. 500 – 600 ml Wasser angießen, bis der Wirsing komplett bedeckt ist.

5 Der Kimchi-Wirsing könnte sofort gegessen werden, doch er wird immer würziger und besser, wenn man ihn noch einige Tage ziehen lässt. Kimchi entweder pur genießen oder als Vorspeise oder Beilage zu asiatischen Gerichten servieren.

MEIN AUFBEWAHRUNGSTIPP

Den Kimchi-Wirsing immer mit einer sauberen Gabel aus dem Glas entnehmen. Dann hält er sich an einem kühlen Ort (Abstellkammer oder Keller) mehrere Wochen.

GLÜCKSESSEN

WAS UNS DEUTSCHEN DAS SAUERKRAUT, IST DEN KOREANERN KIMCHI. STATT DES ÜBLICHEN CHINAKOHLS VERWENDE ICH ABER GERNE WIRSING, WENN ER BEI UNS IM HERBST UND WINTER AUS REGIONALEM ANBAU AUF DEN MARKT KOMMT.

SHEPHERD'S PIE
----- MIT TOFU -----

WINTER-WÄRMER

FÜR DAS KARTOFFELPÜREE
800 g mehligkochende Kartoffeln
Salz
50 ml Olivenöl
120 ml Pflanzenmilch*
2 Msp. frisch geriebene Muskatnuss

◆

FÜR DAS TOFUHACK
400 g Naturtofu*
4 EL neutrales Pflanzenöl + etwas mehr für die Form
6 EL Sojasauce*
1 Zweig Thymian (ersatzweise 1/2 TL getrockneter Thymian)
1 Zweig Rosmarin (ersatzweise 1/2 TL getrockneter Rosmarin)
3 Zweige Majoran (ersatzweise 1 TL getrockneter Majoran)
1 Knoblauchzehe
400 g gehackte Tomaten (aus der Dose)
1 TL Ahornsirup (ersatzweise Reissirup oder Agavendicksaft*)
Salz
1 Stange Lauch
schwarzer Pfeffer aus der Mühle

◆

AUSSERDEM
1 EL neutrales Pflanzenöl
Backpapier | 1 Auflaufform (ca. 40 x 30 cm)

◆

FÜR 4 PERSONEN
Zubereitungszeit: 50 Min.
Backzeit: 35 Min.
Pro Portion ca. 505 kcal, 18 g EW, 32 g F, 36 g KH

1 Für das Kartoffelpüree die Kartoffeln schälen, waschen, grob würfeln und in reichlich Salzwasser (Wasser abschmecken!) bei mittlerer Hitze in ca. 20 Min. gar kochen. Backofen auf 220° vorheizen.

2 Inzwischen den Tofu mit den Händen vorsichtig auspressen, in eine Schüssel geben und mit einer Gabel grob zerdrücken. 4 EL Öl mit 4 EL Sojasauce vermischen und unter die Tofukrümel rühren. Den Tofu auf einem mit Backpapier belegten Backblech ausbreiten und in 15 – 20 Minuten im Ofen (oben) garen. In den letzten 5 Min. die Grillfunktion dazuschalten, falls vorhanden. Den Tofu so lange backen, bis er gebräunt und an den Rändern leicht knusprig ist, dabei 2- bis 3-mal wenden. Herausnehmen und den Ofen eingeschaltet lassen.

3 Die Kräuter waschen, trocken schütteln, Nadeln und Blätter fein hacken. Den Knoblauch schälen und sehr fein würfeln. Die Tomaten mit Ahornsirup, 1/2 TL Salz und Knoblauch aufkochen. Halb zugedeckt ca. 5 Min. bei starker Hitze kochen, dann ca. 15 Min. bei mittlerer Hitze kochen lassen. Die Kartoffeln abgießen, stampfen und mit Öl und Pflanzenmilch zu einem Püree mischen. Mit Muskat und Salz würzen.

4 Den Lauch putzen, gründlich waschen und in dünne Ringe schneiden. Lauchringe, Tofu und Tomatensauce vermengen, mit 2 EL Sojasauce und Pfeffer würzig abschmecken. Die Auflaufform fetten, die Tofu-Lauch-Mischung hineingeben und etwas flach drücken. Das Kartoffelpüree gleichmäßig darauf verteilen, mit 1 EL Öl besprenkeln und den Shepherd's Pie bei im Ofen (unten) in ca. 35 Min. goldbraun backen. In den letzten 5 Min. die Grillfunktion dazuschalten, falls vorhanden.

GLÜCKSESSEN

ROSENKOHL-POLENTA-SPIESSE

MIT KRÄUTER-REMOULADE

FÜR DIE SPIESSE
200 ml Pflanzenmilch*
Salz
200 g Instant-Polenta
2 EL Olivenöl
400 g Rosenkohl
250 g Tempeh*

FÜR DIE MARINADE
2 EL neutrales Pflanzenöl zum Braten
2 TL Ahornsirup (ersatzweise Agavendicksaft*)
4 EL Shoyusauce* (ersatzweise Tamarisauce)
schwarzer Pfeffer aus der Mühle

FÜR DIE REMOULADE
400 g Seidentofu*
50 g Mandelmus* (ersatzweise Cashewmus oder fermentierte Cashewcreme, siehe Rezept S. 46)
Salz (ersatzweise Kala Namak*)
2 EL Weißweinessig (ersatzweise Apfelessig)
1 Schalotte (ersatzweise 1 kleine Zwiebel)
1 Bund Schnittlauch
1 Bund Dill
3 Gewürzgurken

AUSSERDEM
1 Auflaufform (ca. 24 x 24 cm)
Backpapier
16 Schaschlikspieße aus Holz oder Metall

FÜR 4 PERSONEN
Zubereitungszeit: 1 Std.
Backzeit: 30 Min.
Pro Portion ca. 555 kcal, 28 g EW, 25 g F, 53 g KH

1 Für die Spieße die Pflanzenmilch mit 600 ml Wasser und 1 TL Salz aufkochen, die Polenta einrühren und ca. 2 Min. bei ganz schwacher Hitze quellen lassen, dabei gelegentlich umrühren. Die Auflaufform mit dem Olivenöl fetten, die Polenta hineingeben und glatt streichen. Abkühlen lassen und kühl stellen.

2 Den Rosenkohl waschen und putzen. Die Rosenkohlköpfe halbieren. In einem Topf Salzwasser aufkochen und den Rosenkohl darin ca. 5 Min. blanchieren. Dann in ein Sieb abgießen, mit kaltem Wasser abschrecken und kurz abtropfen lassen. Den Tempeh in ca. 2 cm große Würfel schneiden. Für die Marinade Öl, Ahornsirup, Shoyusauce und 1 gestrichenen TL Pfeffer verrühren, den Tempeh darin wenden und ziehen lassen.

3 Den Backofen auf 200° vorheizen und ein Backblech mit Backpapier auslegen. Die Polenta aus der Form stürzen und in 32 Würfel (ca. 2 cm groß) schneiden. Die Zutaten auf die Schaschlikspieße stecken. Dafür mit 1/2 Rosenkohl beginnen, dann je 1 Tempeh- und Polentawürfel aufspießen, diesen Vorgang pro Spieß einmal wiederholen und mit 1 Rosenkohlkopf abschließen. Auf diese Weise 16 Spieße herstellen. Die Spieße auf das Backblech legen und im Ofen (Mitte) ca. 30 Min. backen, bis die Polenta goldbraun ist. In den letzten 10 Min. die restliche Tempehmarinade über den Spießen verteilen.

4 Inzwischen für die Remoulade den Seidentofu abtropfen lassen und mit Mandelmus, 2 gestrichenen TL Salz und dem Essig glatt pürieren. Die Schalotte schälen und fein würfeln. Die Kräuter waschen, trocken schütteln und fein hacken. Die Gurken in sehr feine Würfel schneiden und alles zur Tofumischung geben. Bis zum Servieren in den Kühlschrank stellen.

5 Die Spieße nach dem Backen im Ofen bei leicht geöffneter Tür ca. 5 Min. ruhen lassen. Dann auf vier Teller verteilen, die Remoulade dazugeben und servieren.

GLÜCKSESSEN

GRATINIERTES
OFENGEMÜSE

MIT SCHWARZWURZELN

FÜR DAS OFENGEMÜSE
1 kg blaue Kartoffeln (ersatzweise normale vorwiegend festkochende Kartoffeln)
Salz
500 g Schwarzwurzeln
1/2 Zitrone
1/2 Stange Lauch
1/2 Bund Oregano
4 Zweige Rosmarin
3 EL Olivenöl
1 TL Rauchsalz* (ersatzweise Meersalz)
schwarzer Pfeffer aus der Mühle
250 g junger TK-Spinat

FÜR DIE GRATINIERMASSE
200 g Nusssahne (siehe Rezept S. 16; ersatzweise Pflanzensahne* zum Kochen)
3 TL Flohsamenschalen*
1/2 TL Kala Namak* (ersatzweise Salz)
1/3 TL frisch geriebene Muskatnuss
2 TL Apfelessig (ersatzweise Weißweinessig)
schwarzer Pfeffer aus der Mühle
1/2 TL Agavendicksaft* (ersatzweise Ahornsirup)
1 TL Olivenöl
1 EL Hefeflocken*

AUSSERDEM
1 Auflaufform (ca. 30 x 20 cm)

FÜR 4 PERSONEN
Zubereitungszeit: 50 Min.
Backzeit: 55 Min.
Pro Portion ca. 400 kcal, 8 g EW, 21 g F, 44 g KH

1 Die Kartoffeln waschen, schälen und in 2–3 cm große Stücke schneiden. Die Kartoffelstücke knapp mit Salzwasser bedecken, aufkochen und bei mittlerer Hitze zugedeckt ca. 10 Min. vorkochen. Inzwischen die Schwarzwurzeln waschen, schälen (dabei am besten Einweghandschuhe tragen) und in 2 cm lange schräge Stücke schneiden. In einen Topf geben und knapp mit Wasser bedecken. Die Zitrone auspressen und den Saft dazugeben. Das Wasser mit Salz abschmecken, die Wurzeln aufkochen und ca. 10 Min. vorkochen. Dann das Gemüse abgießen und im Sieb ausdampfen lassen.

2 Inzwischen den Lauch putzen, gründlich waschen und in 1/2 cm breite Ringe schneiden. Kräuter waschen und trocken schütteln. 3–4 Oreganospitzen beiseitelegen, die restlichen Blätter und Nadeln abstreifen und hacken.

3 Den Backofen auf 170° vorheizen. Die Kartoffel- und Schwarzwurzelstücke mit Olivenöl, Rauchsalz, Kräutern und 1 TL Pfeffer vermengen, alles in die Auflaufform geben. Den Lauch dazugeben und kurz unterheben. Den TK-Spinat in kleinen Nestern auf das Gemüse legen und alles im Ofen (Mitte) in ca. 30 Min. garen.

4 Für die Gratiniermasse alle Zutaten im Standmixer oder in einem Rührbecher mit dem Stabmixer fein pürieren. Die Masse quellen lassen und nach 30 Min. Backzeit in Klecksen auf das Gemüse setzen. Das Gemüse im Ofen (unten) in ca. 25 Min. gar backen.

MEIN SUPERFOODSTIPP
Schwarzwurzeln kannte man früher als »Arme-Leute-Spargel«. Heute gelten sie als gesunde Delikatesse. Die Wurzeln enthalten Inulin, das verdauungsanregend wirkt, sowie Kalium, das hilft, den Wasserhaushalt des Körpers zu regulieren.

GLÜCKSESSEN

OFENGEMÜSE GEHT IMMER, AUCH UND VOR ALLEM IM WINTER. DENN DANN HABEN SCHWARZWURZELN IHREN GROSSEN AUFTRITT.

MIT MACIS UND ZIMT

ROTKOHL-STRUDELTASCHEN
----- MIT SAHNIGEM LAUCH -----

FÜR DIE STRUDELTASCHEN
200 g Rotkohl
1 kleine Zwiebel
3 EL neutrales Pflanzenöl zum Braten
20 g Rosinen (ersatzweise Sultaninen)
2 Msp. Macis (Muskatblüte; ersatzweise frisch geriebene Muskatnuss)
1 Msp. Zimtpulver | Salz
schwarzer Pfeffer aus der Mühle
2 EL Weißweinessig
200 g Kichererbsen (aus der Dose)
60 g fermentierte Cashewcreme (siehe Rezept S. 46; ersatzweise 50 g Cashewmus mit 10 ml Wasser vermengt)
200 g Filoteig (8 Blätter à ca. 30 x 30 cm; Supermarkt)
1 EL helle, ungeschälte Sesamsamen

FÜR DAS LAUCHGEMÜSE
2 große Stangen Lauch
Salz
60 g Cashewnusskerne
schwarzer Pfeffer aus der Mühle

AUSSERDEM
Backpapier

FÜR 4 PERSONEN
Zubereitungszeit: 50 Min.
Backzeit: 25 Min.
Pro Portion ca. 515 kcal, 12 g EW, 35 g F, 37 g KH

1 Den Backofen auf 180° vorheizen. Die äußeren Blätter vom Rotkohl entfernen und den Kohl ohne Strunk in feine Würfel schneiden. Die Zwiebel schälen und fein würfeln. In einer Pfanne 1 EL Öl erhitzen und die Zwiebelwürfel darin bei mittlerer Hitze glasig dünsten. Den Rotkohl und die Rosinen dazugeben und ca. 4 Min. anbraten, dabei gelegentlich umrühren. Dann Macis, Zimt, je 1/2 TL Salz und Pfeffer sowie den Weißweinessig unterrühren, die Pfanne vom Herd nehmen.

2 Die Kichererbsen in ein Sieb abgießen, kurz abbrausen, abtropfen lassen und mit den Händen grob zerdrücken. Die fermentierte Cashewcreme unter die Kichererbsen heben und mit Salz abschmecken.

3 1 Blatt Filoteig mit wenig Öl einpinseln, ein zweites Blatt locker darauflegen und 2 EL der Kichererbsenmasse darauf verteilen. Dabei zu allen Seiten einen Rand von 5 cm frei lassen. 2 EL Rotkohl darauf verteilen. Die Seiten einklappen und von der kürzeren Seite her aufrollen. Auf diese Weise 4 Strudeltaschen herstellen. Die Taschen auf ein mit Backpapier belegtes Backblech setzen und mit Wasser benetzen. Mit Sesam bestreuen und im Ofen (Mitte) in ca. 25 Min. goldbraun backen.

4 Inzwischen Lauch putzen, längs aufschneiden und gründlich waschen. Dann in 1 cm breite Ringe schneiden und in einem Topf mit 500 ml Wasser und 3/4 TL Salz aufkochen. Den Lauch ca. 10 Min. zugedeckt bei mittlerer Hitze köcheln. Den Lauch abgießen, dabei das Wasser auffangen und mit den Cashewnüssen zu einer feinen Sauce pürieren. Die Sauce zurück zum Lauch gießen und bei mittlerer Hitze 4 – 5 Min. köcheln, bis die Sauce sämig eingekocht ist. Mit Pfeffer abschmecken. Das Lauchgemüse auf vier Teller verteilen, je 1 Rotkohl-Strudeltasche darauflegen und servieren.

MEIN SUPERFOODSTIPP
Lauch enthält neben Kalium auch Eisen, das in Verbindung mit dem Vitamin C aus dem Kohl sehr gut vom Körper aufgenommen werden kann.

GLÜCKSESSEN

LAUCH HAT EINE LANGE TRADITION ALS WINTERGEMÜSE. KEIN WUNDER, ER SCHMECKT GUT, ÜBERSTEHT JEDEN FROST UND IST VIELFÄLTIG KOMBINIERBAR – HIER MIT DEM NICHT ALLTÄGLICHEN PARTNER ROTKOHL.

WINTERGEMÜSETOPF
---- MIT GELBEN LINSEN UND TOPINAMBUR ----

FÜR DIE DUNKLE JAHRESZEIT

FÜR DIE REDUKTION
5 Zweige Rosmarin
1 Lorbeerblatt
1 Wacholderbeere (nach Belieben)
100 ml Aceto balsamico
200 ml roter Traubensaft

FÜR DEN WINTERGEMÜSETOPF
100 g Pastinaken
100 g Topinambur
250 g Möhren
200 g Steckrüben
1 Zwiebel
1 große Knoblauchzehe
2 rote mittelscharfe Peperoni
2 EL neutrales Pflanzenöl zum Braten
200 g gelbe Linsen
500 ml Gemüsebrühe
400 g gehackte Tomaten (aus der Dose)
1 TL Rauchsalz* (ersatzweise Meersalz)
schwarzer Pfeffer aus der Mühle
1 Bio-Zitrone
1 kleines Bund Petersilie
2 TL Ahornsirup

FÜR 4 PERSONEN
Zubereitungszeit: 50 Min.
Pro Portion ca. 365 kcal, 17 g EW, 7 g F, 54 g KH

1 Für die Reduktion den Rosmarin waschen und trocken schütteln. 1 Rosmarinzweig mit dem Lorbeerblatt, nach Belieben der Wacholderbeere, dem Balsamico und dem Traubensaft aufkochen. Dann offen bei mittlerer Hitze 25–30 Min. einkochen und dabei auf ein Drittel reduzieren. Restlichen Rosmarin beiseitelegen.

2 Pastinaken, Topinambur, Möhren und Steckrüben putzen, schälen und in 1/2 cm große Würfel schneiden. Zwiebel und Knoblauch schälen und fein würfeln. Die Peperoni längs halbieren, entkernen, waschen und in dünne Streifen schneiden.

3 In einen weiten Topf das Öl erhitzen. Die Gemüse-, Zwiebel-, Knoblauchwürfel und Peperonistreifen darin unter Rühren bei starker Hitze ca. 5 Min. andünsten.

4 Vom übrigen Rosmarin die Nadeln abstreifen, fein hacken und mit den Linsen zum Gemüse geben. Brühe, Tomaten, Rauchsalz und Pfeffer unterrühren und zugedeckt bei schwacher Hitze ca. 10 Min. köcheln lassen.

5 Die Zitrone heiß abwaschen und trocken tupfen. Die Schale von einer Zitronenhälfte mit dem Zestenreißer abschälen und die restliche Schale abreiben. Den Saft von 1/2 Zitrone auspressen. Die Petersilie waschen, trocken schütteln und fein hacken.

6 Das Gemüse mit Ahornsirup, Zitronensaft, geriebener Zitronenschale und Salz würzen. Zwei Drittel der Petersilie unterheben. Die Balsamico-Reduktion durch ein feines Sieb abseihen und auffangen.

7 Das Gemüse auf vier Suppenschalen oder tiefe Teller geben, je 1 EL Balsamico-Reduktion daraufgeben. Die restliche Reduktion in ein Schälchen füllen und zum Nachwürzen auf den Tisch stellen. Das Gemüse mit der übrigen Petersilie und den Zitronenzesten dekorieren.

MEIN VORRATSTIPP
Die Balsamico-Reduktion bereite ich oft in größeren Mengen zu und fülle sie noch heiß in sterile Fläschchen ab (siehe Tipp S. 44). So habe ich immer einen leckeren Würzansatz für Saucen, Dips und Co.

GLÜCKSESSEN

SAHNIGES PILZRAGOUT
----- MIT MANGOLD UND KARTOFFELN -----

CREMIG-WÜRZIG

200 g Kräuterseitlinge
200 g Shiitake
250 g braune Champignons
1 große Zwiebel (ersatzweise 1 Gemüsezwiebel)
3 EL neutrales Pflanzenöl zum Braten
1 großes Lorbeerblatt
3 Wacholderbeeren
600 ml Gemüsebrühe
80 g Mandelmus* (ersatzweise Cashewmus oder Cashewfrischkäse, siehe Rezept S. 47)
150 g bunter oder grüner Mangold
4 Zweige Salbei (ersatzweise 1 TL getrockneter Salbei)

AUSSERDEM
800 g rote Kartoffeln (ersatzweise weiße vorwiegend festkochende Kartoffeln oder Süßkartoffeln)
Salz

FÜR 4 PERSONEN
Zubereitungszeit: 35 Min.
Pro Portion ca. 370 kcal, 12 g EW, 20 g F, 34 g KH

1 Für die Beilage die Kartoffeln schälen und je nach Größe halbieren oder vierteln. Die Kartoffeln in einem Topf knapp mit Salzwasser bedecken und zugedeckt bei ganz schwacher Hitze in ca. 20 Min. gar kochen.

2 Die Pilze mit Küchenpapier sauber reiben. Die Stiele der Kräuterseitlinge in 1/2 cm breite Scheiben schneiden, die Hüte sechsteln. Die Stiele der Shiitake entfernen, Champignonstiele einkürzen. Shiitake und Champignons in 1/2 cm breite Scheiben schneiden. Die Zwiebel schälen und fein würfeln.

3 Das Öl in einem Topf erhitzen und die Pilze darin bei mittlerer Hitze in 4–5 Min. unter Rühren goldbraun anbraten. Die Zwiebelwürfel dazugeben und 1 Min. unter Rühren mitbraten. Lorbeer und Wacholderbeeren dazugeben und mit Gemüsebrühe aufgießen. Das Mandelmus unterrühren und alles zugedeckt bei schwacher Hitze ca. 10 Min. köcheln, dabei gelegentlich umrühren.

4 Inzwischen Mangold und Salbei waschen, trocken schütteln. Einige zarte Salbeiblätter beiseitelegen. Den Mangoldstrunk entfernen, Mangoldstiele und -blätter in 1/2 cm breite Streifen schneiden, längere Streifen halbieren. Den Salbei fein hacken. Mangold und Salbei mit den Pilzen mischen und alles ca. 5 Min. offen köcheln lassen, bis die Sauce etwas eindickt.

5 Die Kartoffeln auf vier Teller verteilen, mit dem Ragout übergießen und mit den übrigen Salbeiblättern garnieren. Sofort servieren.

MEIN SUPERFOODSTIPP
Mangold ist eines meiner Lieblingsgemüse. Die verschiedenen Sorten, von Gelb über Pink bis Grün sorgen gerade im Winter für Farbe auf dem Teller. Mangold enthält darüber hinaus – wie alle grünen Blattgemüse – viel Vitamin K. Dieses fettlösliche Vitamin braucht der Körper zur Regulierung der Blutgerinnung, des Zellwachstums und des Knochenstoffwechsels. Studien zeigten, dass natürliches Vitamin K Arterienverkalkung vorbeugen und somit für ein gesundes Herz-Kreislauf-System sorgen kann.

GLÜCKSESSEN

AN KALTEN DUNKLEN WINTERTAGEN DARF'S MAL COMFORT FOOD SEIN. DAS MUSS NICHT IMMER GLEICH UNGESUND SEIN, WIE DIESES SCHNELLE RAGOUT ZEIGT.

KARTOFFELGULASCH
----- MIT PASTINAKEN -----

BLITZ-GERICHT

1,25 kg vorwiegend festkochende Kartoffeln
250 g Pastinaken (ersatzweise Petersilienwurzeln oder Möhren)
2 rote oder gelbe Paprikaschoten
2 grüne, gelbe oder rote Peperoni
2 Zwiebeln
5 EL neutrales Pflanzenöl zum Braten
2 EL Tomatenmark (60 g)
1 EL Dinkelvollkornmehl (ersatzweise Weizen- oder Roggenvollkornmehl)
150 ml trockener Rotwein
1 EL Sojasauce*
Salz
1 TL rosenscharfes Paprikapulver
1/2 TL getrockneter Oregano
1/3 TL getrockneter Thymian
1 TL süßer Senf
1 TL Agavendicksaft*

♦

FÜR 4 PERSONEN
Zubereitungszeit: 30 Min.
Pro Portion ca. 380 kcal, 8 g EW, 13 g F, 51 g KH

1 Kartoffeln und Pastinaken schälen, waschen und in 1 cm große Würfel schneiden. Die Paprikaschoten waschen, putzen und in 1 cm große Stücke schneiden. Die Peperoni längs halbieren und entkernen, Zwiebeln schälen und beides fein würfeln.

2 In einem weitem Topf 3 EL Öl erhitzen, Tomatenmark und Mehl darin unter Rühren 2 Min. bei mittlerer Hitze rösten. Dabei die Masse immer wieder mit einem Holzkochlöffel vom Topfboden lösen, damit sie gleichmäßiger bräunt und nicht anbrennt. 2 EL Öl und die Zwiebelwürfel dazugeben und ca. 1 Min. unter Rühren weiter anbraten, dann das Gemüse dazugeben.

3 Sofort mit Rotwein und 700 ml Wasser aufgießen und unter Rühren aufkochen lassen, sodass die Röstmasse vom Topfboden gelöst wird. Sojasauce, 3 TL Salz, Paprikapulver, Oregano und Thymian dazugeben und zugedeckt bei mittlerer Hitze in 15 – 20 Min. bissfest garen, dabei gelegentlich umrühren.

4 Mit Senf, Agavendicksaft und nach Belieben mit Salz abschmecken und auf der abgeschalteten Herdplatte 30 Min. offen ziehen lassen. Bei Bedarf vor dem Servieren noch mal kurz erhitzen.

MEIN SUPERFOODSTIPP

Pastinaken haben einen sehr feinen Geschmack und tolle innere Werte. Das Supergemüse enthält – wie die meisten Wurzelgemüse – eine hohe Konzentration an Mineralien, vor allem Kalzium, Kalium, Natrium, Phosphor und Magnesium. Das Gericht schmeckt am besten, wenn es über Nacht durchziehen konnte.

GLÜCKSESSEN

ICH LIEBE GULASCH SEIT MEINER KINDHEIT. DIESES REZEPT BEWEIST, DASS AUCH AUS GEMÜSE PUR ALLERFEINSTES SCHMORAROMA ENTSTEHEN KANN.

GRATINIERTER SELLERIE
---- MIT PREISELBEER-ZWIEBEL-CONFIT ----

NICHT NUR FÜR WEIHNACHTEN!

FÜR DAS CONFIT
200 g Preiselbeeren (ersatzweise Cranberrys)
1 kleine Zwiebel
4 EL Kokosblütenzucker (Bioladen)
1 EL neutrales Pflanzenöl zum Braten
1 TL Apfelessig (ersatzweise Weißweinessig)
Salz

FÜR DEN SELLERIE
1 Knollensellerie (ca. 300 g)
Salz
50 g altbackenes Vollkornbrot
2 EL Hefeflocken*
2 EL Haselnusskerne
2 EL Olivenöl

AUSSERDEM
Backpapier

FÜR 4 PERSONEN
Zubereitungszeit: 50 Min.
Backzeit: 20 Min.
Pro Portion ca. 220 kcal, 4 g EW, 11 g F, 25 g KH

1 Für das Confit die Preiselbeeren verlesen, waschen und abtropfen lassen. Die Zwiebel schälen und fein würfeln. Den Kokosblütenzucker mit dem Öl in einem Topf bei mittlerer Hitze unter Rühren in ca. 30 Sek. karamellisieren lassen. Beeren und Zwiebelwürfel dazugeben und unter Rühren 1 Min. andünsten. Mit 3 EL Wasser und Apfelessig ablöschen und zugedeckt bei ganz schwacher Hitze in 15 – 20 Min. gar ziehen lassen. Das Confit mit Salz würzen und nach Belieben mit etwas Kokosblütenzucker abschmecken.

2 Den Sellerie schälen und in 4 Scheiben (ca. 4 cm dick) schneiden, den übrigen Sellerie anderweitig verwenden (siehe Vorratstipp). Die Selleriescheiben in einem Topf knapp mit Salzwasser bedecken und bei schwacher Hitze in 15 – 20 Min. bissfest kochen.

3 Die Selleriescheiben herausheben, mit Küchenpapier trocken tupfen und auf ein mit Backpapier belegtes Backblech legen. Den Backofen auf 220° vorheizen.

4 Das Brot grob würfeln und mit Hefeflocken, Haselnüssen und Olivenöl in den Blitzhacker geben, zu einer groben Paste vermahlen. (Oder Brot und Nüsse mit einem Messer fein hacken und mit dem Öl vermengen.) Die Gratiniermasse auf den Selleriescheiben verteilen und im Ofen (Mitte) in ca. 20 Min. goldbraun backen. In den letzten 3 – 4 Min. die Grillfunktion des Ofens dazuschalten, falls vorhanden.

5 Den gratinierten Sellerie auf vier Teller verteilen, das Confit dazugeben und servieren. Dazu passt der Prinzessbohnensalat mit Süßkartoffelmayonnaise von S. 56 oder der Chicoréesalat mit Birne und Physalis von S. 70.

MEIN VORRATSTIPP
Den restlichen Sellerie in der Küchenmaschine oder mit der Reibe grob raspeln und auf der Heizung oder in der Sonne trocknen. Oder ein Blech mit Backpapier auslegen und den Sellerie 6 – 8 Std. im Backofen bei 50° und leicht gekippter Ofentür trocknen. Den getrockneten Sellerie in ein Schraubglas füllen und zum Würzen von Brühen und Saucen verwenden.

GLÜCKSESSEN

TOLL FÜRS BÜFETT

TEFF-MINIPIZZEN
---- MIT PETERSILIENWURZEL UND POSTELEIN ----

FÜR DEN BODEN
250 g Teffmehl* (Bioladen; ersatzweise Vollkorn- oder Kastanienmehl)
Salz
2 TL geräuchertes Paprikapulver (z. B. Paprika de la Vera; ersatzweise edelsüßes Paprikapulver)
1 EL Ahornsirup (ersatzweise Agavendicksaft*)

FÜR DEN BELAG
160 g Petersilienwurzel
180 g gehackte Tomaten (aus der Dose)
Salz
1/2 TL getrockneter Thymian (ersatzweise 4 Zweige Thymian)
120 g fermentierte Cashewcreme (siehe Rezept S. 46)
80 g Postelein (Winterportulak; ersatzweise Feldsalat)
Fleur de Sel (ersatzweise Salzflakes)
schwarzer Pfeffer aus der Mühle

AUSSERDEM
Backpapier

FÜR 12 MINIPIZZEN
Zubereitungszeit: 50 Min.
Backzeit: 14 Min.
Pro Minipizza ca. 140 kcal, 5 g EW, 5 g F, 18 g KH

1 Für den Boden das Teffmehl mit 1/2 TL Salz und dem Paprikapulver vermischen. 250 ml lauwarmes Wasser und Ahornsirup dazugeben und alles mit dem Stiel eines Holzkochlöffels oder den Knethaken des Handrührgeräts vermischen. Dann den Teig mit den Händen glatt kneten und zugedeckt 10 Min. ruhen lassen.

2 Inzwischen für den Belag die Petersilienwurzel schälen und fein raspeln. Die Tomaten mit Salz und Thymian mischen. Den Backofen auf 250° vorheizen und ein Backblech mit Backpapier auslegen.

3 Aus dem Teig 12 Kugeln formen und auf das Backblech legen. Mit dem Handballen platt drücken und mit den Fingerspitzen zu Kreisen (ca. 10 – 12 cm Ø, ca. 3 – 5 mm dick) formen. Die Ränder dürfen ein wenig brüchig wirken.

4 Je 1 TL fermentierte Cashewcreme auf den Teigkreisen verteilen, dabei einen Rand von ca. 5 mm frei lassen. Die Tomaten auf der Cashewcreme verteilen und die Petersilienwurzelraspel locker darauflegen. Die Minipizzen im Ofen (Mitte) in 12 – 14 Min. knusprig backen, die Petersilienwurzel soll an den Rändern leicht bräunen.

5 Postelein verlesen, waschen und abtropfen lassen. Die Minipizzen mit Fleur de Sel und Pfeffer bestreuen, den Postelein auf den Pizzen verteilen und servieren.

MEIN SUPERFOODSTIPP

Postelein ist ein typischer Wintersalat, reich an Eisen, Kalzium, Vitamin C und Magnesium. Anders als viele Sorten gedeiht er bei Temperaturen unter 10° – ideal in der kalten Jahreszeit!

GLÜCKSESSEN

TEFF IST EINE HIRSEART, DIE GLUTENFREI UND REICH AN ESSENZIELLEN FETTSÄUREN IST. DAS MEHL DARAUS SCHMECKT SEHR NUSSIG UND VERLEIHT DEN KLEINEN MINIPIZZEN EIN WUNDERBARES AROMA.

SÜSS UND GLÜCKLICH
OCH, WAS KLEINES GEHT NOCH!

SÜSS GEHT IMMER, ZUMINDEST BEI MIR! GANZ BESONDERS DANN, WENN DAS DESSERT OHNE INDUSTRIEZUCKER UND WEISSMEHL AUSKOMMT. DAS SCHLECHTE GEWISSEN NACH DER NASCHEREI GEHÖRT JETZT DER VERGANGENHEIT AN.

KOKOS-TAPIOKA- SCHICHTDESSERT

SOMMER-FRISCHE

1 Vanilleschote
400 g Kokosmilch*
300 ml Pflanzenmilch* (z. B. Reis-, Mandel-, Hafer- oder Sojamilch)
150 g feine Tapiokaperlen*
4 EL Ahornsirup (ersatzweise Agavendicksaft*)
1 Msp. Zimtpulver
2 Kiwis
100 g Himbeeren (ersatzweise je nach Saison Erdbeeren, Blaubeeren, Stachelbeeren)
2 EL geröstete Kokoschips (nach Belieben)

AUSSERDEM
4 Dessertgläser (à ca. 250 ml Inhalt)

FÜR 4 PERSONEN
Zubereitungszeit: 15 – 20 Min.
Pro Portion ca. 395 kcal, 3 g EW, 19 g F, 52 g KH

1 Die Vanilleschote längs aufschneiden und das Mark herauskratzen. Kokos- und Pflanzenmilch, Vanillemark, Tapiokaperlen, Ahornsirup und Zimt in einen Topf geben, aufkochen lassen. Dann bei schwacher Hitze 10 – 12 Min. köcheln, bis die Tapiokaperlen weich sind. Dabei immer wieder umrühren.

2 Inzwischen die Kiwis schälen, längs halbieren und die Hälften in 1 – 2 mm dicke Scheiben schneiden. 4 Scheiben zurückbehalten. Die Himbeeren verlesen, waschen und 8 besonders schöne Beeren beiseitelegen.

3 Je 1 Lage Kiwischeiben fächerförmig auf den Boden der Gläser legen. Dann eine ca. 3 cm hohe Kokos-Tapioka-Schicht darauf verteilen und die Himbeeren daraufgeben. Noch mal Kiwischeiben und Kokos-Tapioka einschichten, mit den restlichen Beeren garnieren und kalt stellen. Kurz vor dem Servieren nach Belieben mit gerösteten Kokoschips bestreuen.

MEIN SUPERFOODSTIPP

Kiwis enthalten viel Vitamin C – schon zwei Früchte decken fast den gesamten Tagesbedarf eines Erwachsenen. Ich mag die gelben Kiwis am liebsten. Sie erinnern mich geschmacklich an Stachelbeeren und sind milder als ihre grünen Verwandten.

SÜSS UND GLÜCKLICH

TAPIOKA IST DAS ASIATISCHE PENDANT ZUM DEUTSCHEN SAGO. DIE PERLEN HABEN GEKOCHT EINEN TOLLEN BISS UND SCHMECKEN NEUTRAL. DAS MACHT SIE SO VIELSEITIG, DENN SIE NEHMEN JEDES ERDENKLICHE AROMA AUF.

FROZEN YOGURT
----- MIT BASILIKUM-INGWER-TOPPING -----

HERRLICH FRISCH

FÜR DEN FROZEN YOGURT
400 g Sojajoghurt* (ungesüßt; ersatzweise selbst gemachter Joghurt, siehe Rezept S. 35)
4 EL Agavendicksaft*
6 EL Nusssahne (siehe Rezept S. 16; ersatzweise Pflanzensahne* aus Hafer, Dinkel, Mandel oder Soja zum Kochen)
Mark von 1/2 Vanilleschote

◆

FÜR DAS TOPPING
2 Handvoll Basilikumblätter
1 Limette
1 haselnussgroßes Stück Ingwer
1-2 EL Agavendicksaft*
1 EL Nusssahne (ersatzweise eine andere Pflanzensahne*)

◆

AUSSERDEM
2 Eiswürfelformen
1 Granatapfel

◆

FÜR 4 PERSONEN
Zubereitungszeit: 25 Min.
Kühlzeit: 2-3 Std. oder über Nacht
Pro Portion ca. 325 kcal, 6 g EW, 9 g F, 53 g KH

1 Für den Frozen Yogurt alle Zutaten gut miteinander vermischen und in die Eiswürfelformen geben. 2–3 Std. oder über Nacht einfrieren. Vor dem Servieren aus dem Gefrierschrank nehmen und 5 Min. antauen lassen.

2 In den Standmixer oder die Küchenmaschine geben und mithilfe der Pulse- oder Crushfunktion zerkleinern. Zwischendurch den Mixer ausschalten und den Joghurt von den Wänden des Mixbehälters in Richtung Messer kratzen. (Am einfachsten funktioniert die Zubereitung in einem Mixer mit integriertem Stößel.)

3 Für das Topping das Basilikum waschen und trocken schütteln. Einige kleinere Blätter beiseitelegen. Den Limettensaft auspressen und mit dem Basilikum in einen Blitzhacker oder hohen Mixbecher geben. Den Ingwer schälen und klein schneiden. Mit dem Agavendicksaft und der Pflanzensahne zu den übrigen Zutaten geben und alles fein pürieren.

4 Den Granatapfel halbieren, über eine tiefe Schüssel halten und mit einem Holzkochlöffel kräftig auf die Hälften schlagen, um die Kerne zu lösen.

5 Den Frozen Yogurt mit einem Eisportionierer zu Kugeln formen und auf vier Teller verteilen. Mit dem Topping übergießen und mit den Granatapfelkernen und Basilikumblättern garnieren.

MEIN SUPERFOODSTIPP
Basilikum und Ingwer wirken verdauungsfördernd und sind daher genau richtig in Desserts. Ingwer habe ich übrigens immer zu Hause. Er dient mir sowohl als Gewürz als auch als »Hausapotheke«. Ingwer kann vor allem entzündungsbedingte Schmerzen lindern. Außerdem hilft er gegen Übelkeit und Magenbeschwerden.

SÜSS UND GLÜCKLICH

ICH BIN EIN FAN VON BASILIKUM, NICHT NUR IN DEFTIGEN GERICHTEN. GERADE IN DESSERTS KOMMT DAS LECKERE KRAUT SO RICHTIG GROSS RAUS! DIE FEINE INGWERNOTE MACHT'S GLEICH NOCH ERFRISCHENDER.

GEDÄMPFTER RHABARBER
----- MIT ERDBEER-VANILLE-EIS -----

MEIN FRÜHJAHRS-LIEBLING

FÜR DAS EIS
700 g Erdbeeren
2 Vanilleschoten (ersatzweise 2 TL Bourbon-Vanillepulver)
250 g Kokosmilch* (ersatzweise eine andere Pflanzenmilch*)

✦

FÜR DEN RHABARBER
400 g Rhabarber
100 g Agavendicksaft*
1 Vanilleschote

✦

AUSSERDEM
Backpapier
Küchengarn
2–3 Stängel Zitronenmelisse (ersatzweise Minze)

✦

FÜR 4 PERSONEN
Zubereitungszeit: 40 Min.
Backzeit: 25 Min.
Einfrierzeit: mind. 5 Std. oder über Nacht
Pro Portion ca. 245 kcal, 3 g EW, 11 g F, 31 g KH

1 Am Vortag oder mind. 5 Std. vorher die Erdbeeren waschen, putzen und trocken tupfen. 50 g Erdbeeren kühl stellen. Die restlichen Beeren vierteln und im Gefrierschrank mind. 5 Std. oder über Nacht einfrieren.

2 Den Backofen auf 190° vorheizen. Den Rhabarber waschen, schälen und in ca. 5 cm lange schräge Stücke schneiden. Dann mit dem Agavendicksaft in eine Schüssel geben. Die Vanilleschote längs aufschneiden, das Mark herauskratzen und unter den Rhabarber heben.

3 Den Rhabarber mit dem Agavendicksaft mittig auf einen großen Bogen Backpapier setzen. Das Backpapier oben und an den Seiten zusammenfalten. Dann an den Seiten mit Küchengarn wie ein Bonbon verschließen. Das Paket auf ein Backblech setzen und den Rhabarber im Ofen (Mitte) 25 Min. dämpfen.

4 Die Erdbeeren 15 Min. bevor der Rhabarber aus dem Ofen kommt aus dem Gefrierschrank nehmen und 5 Min. antauen lassen. Die Vanilleschoten längs aufschneiden und das Mark herauskratzen. Die gefrorenen Beeren mit dem Vanillemark und der Kokosmilch in den Standmixer oder die Küchenmaschine mit Messereinsatz geben und zu einer glatten, softeisähnlichen Masse pürieren. Dabei den Mixer zwischendurch ausschalten und die Masse mit einem Löffel zum Messer drücken.

5 Das Eis in eine Schüssel füllen und wieder in den Gefrierschrank stellen. Die Zitronenmelisse waschen, trocken schütteln und einige schöne Blätter abzupfen.

6 Den Rhabarber aus dem Ofen nehmen und zusammen mit etwas Sirup, der beim Dämpfen entstanden ist, auf vier Desserttellern anrichten. Vom Eis mit einem Löffel Nocken abstechen und neben den Rhabarber setzen. Mit Erdbeeren und Melisse garnieren und servieren.

MEIN TIPP
Rhabarber schmeckt nicht nur gut, er ist auch gesund und reich an Vitamin C. Pektin, ein Ballaststoff, fördert die Verdauung, gleichzeitig wirkt Kalium entwässernd. Damit ist Rhabarber ideal für eine Frühjahrskur, die den Stoffwechsel auf Trab bringt.

SÜSS UND GLÜCKLICH

HIRSECREME
----- MIT VANILLE UND ERDBEEREN -----

SÜSSE SÜNDE OHNE REUE

100 g Hirse
1 Vanilleschote
200 g Kokosmilch* (ersatzweise eine andere Pflanzenmilch*)
1/2 TL Agar-Agar*
3 EL Reissirup (ersatzweise Ahornsirup, Agavendicksaft* oder 1 gehäufter EL Dattelpaste, siehe Rezept S. 19)
200 g Erdbeeren (ersatzweise TK-Erdbeeren)
150 g pflanzlicher Joghurt* (Sojajoghurt oder selbst gemachter Joghurt, siehe Rezept S. 35)

◆

AUSSERDEM
4 Gläser (à ca. 100–150 ml Inhalt)
2 Stängel Zitronenmelisse (ersatzweise Minze)

◆

FÜR 4 PERSONEN
Zubereitungszeit: 30 Min.
Pro Portion ca. 240 kcal, 6 g EW, 11 g F, 30 g KH

1 Die Hirse in einem Sieb heiß abbrausen und kurz abtropfen lassen. Die Vanilleschote längs aufschneiden, das Mark herauskratzen und mit Hirse, Kokosmilch, Agar-Agar und Sirup in einen Topf geben. Die Hirse zugedeckt aufkochen und dann bei ganz schwacher Hitze ca. 7 Min. quellen lassen.

2 Inzwischen die Erdbeeren putzen, waschen und abtropfen lassen. 50 g Erdbeeren in dünne Scheiben schneiden und beiseitelegen.

3 Den Topf mit der Hirse vom Herd nehmen. Eine Hälfte der Hirse mit den Erdbeeren mischen und mit dem Stabmixer fein pürieren. Die übrige Hirse mit dem Joghurt fein pürieren. Es soll jeweils eine glatte weiche Creme entstehen.

4 Beide Cremesorten schichtweise (etwa 1 gehäuften EL pro Schicht) in die Gläser füllen. Die Melisse waschen, trocken schütteln und die Blätter abzupfen. Die Hirsecreme mit Erdbeerscheiben und Melisseblättchen garnieren. Im Kühlschrank 10–20 Min. abkühlen lassen.

MEINE TAUSCHTIPPS

Dieses Rezept lädt zum »Spielen« ein: Probieren Sie statt Kokos- doch mal Mandelmilch, Hafermilch oder eine andere pflanzliche Milchsorte. Je nach Saison können Sie auch die Beeren austauschen: Mit Kirschen wird's etwas herber, mit Roten Johannisbeeren ein wenig säuerlicher, und mit Blaubeeren kommt richtig Farbe ins Spiel.

HIRSE KOMMT IN MEINER GLÜCKSKÜCHE AUCH IN SÜSSER FORM VOR.
MIT KOKOSMILCH GEKOCHT UND ZU EINER CREME PÜRIERT, SCHMECKT SIE
SEHR FEIN UND IST SO RICHTIG GESUND.

TRINK-SCHOKO-LOLLIS
----- IN ZWEI SORTEN -----

FÜR GEWÜRZ-SCHOKO-LOLLIS
350 g Zartbitterkuvertüre
1/2 TL Zimtpulver
1 Msp. Kardamompulver
1 Prise frisch geriebene Muskatnuss
1 TL Bourbon-Vanillepulver (ersatzweise Mark von 1 Vanilleschote)

◆

FÜR HASELNUSS-SCHOKO-LOLLIS
300 g Zartbitterkuvertüre
70 g veganes Nugat zum Backen
1–2 EL gehackte Haselnusskerne

◆

AUSSERDEM
20 Lolli- oder Cakepop-Stiele
20 Muffinförmchen aus Papier oder Silikon

◆

FÜR JE 20 SCHOKO-LOLLIS
Zubereitungszeit: 10 Min.
Kühlzeit: ca. 1 Std.
Pro Stück ca. 190 kcal, 2 g EW, 13 g F, 18 g KH

1 Für die Gewürz-Schoko-Lollis die Kuvertüre hacken und über einem heißen Wasserbad schmelzen. Die Gewürze unterrühren und die Kuvertüre auf 10 Muffinförmchen verteilen. Die Förmchen ca. 5 Min. in den Kühlschrank stellen, bis die Schokolade etwas fester geworden ist. Dann die Lollistiele in die Mitte der Förmchen stecken. Die Lollis mind. 1 weitere Std. kühlen.

2 Für die Haselnuss-Schoko-Lollis die Kuvertüre hacken und über dem Wasserbad schmelzen. Auf die Förmchen verteilen. Das Nugat in 10 Stücke schneiden und in die Mitte der Schokolade drücken. Die Förmchen ca. 5 Min. in den Kühlschrank stellen, bis die Schokolade etwas fester geworden ist. Dann mit den gehackten Haselnüssen bestreuen und die Lollistiele in die Mitte der Förmchen stecken. Mind. 1 weitere Std. kühlen.

3 Zum Genießen pro Lolli 300 ml Pflanzenmilch erhitzen und in eine große Tasse füllen. 1 Schokololli nach Wahl hineinstellen und schmelzen lassen. Dabei gelegentlich umrühren.

MEIN GESCHENKETIPP

Nett verpackt, verschenke ich die Lollis gern. Dazu pro Lolli ein ca. 10 x 10 cm großes Stück Butterbrotpapier zurechtschneiden. Darauf den Zubereitungshinweis für die Trinkschokolade schreiben. Den Lolli mittig auf das Papier setzen und den Lolli darin einhüllen. Das Papier oben am Stiel zusammennehmen und mit Geschenkband fixieren. Die Lollis halten sich in einer Plastik- oder Blechdose bei Raumtemperatur sehr lange.

DIE LOLLIS SIND DAS PERFEKTE MITBRINGSEL: SCHÖN VERPACKT, MACHEN DIE KLEINEN KÖSTLICHKEITEN RICHTIG WAS HER UND SCHMECKEN AUFGELÖST IN HEISSER PFLANZENMILCH EINFACH NUR »MMMMMMH«!

BANANENEIS
---- MIT SCHOKOSPLITTERN ----

MACHT GLÜCKLICH!

4 Bananen (ca. 600 g)
1 Vanilleschote (ersatzweise 1 TL Bourbon-Vanillepulver)
60 g Zartbitterschokolade* (mind. 60 % Kakaogehalt; ersatzweise Zartbitterkuvertüre)
16 rohe Kakaobohnen (20 g; Bioladen; nach Belieben)
200 ml Pflanzenmilch* (z. B. Hafer-, Soja- oder Nussmilch)

♦

AUSSERDEM

40 g getrocknete Bananenchips (ersatzweise 80 g Blau- oder Himbeeren)
20 g Zartbitterschokolade* (mind. 60 % Kakaogehalt; ersatzweise Zartbitterkuvertüre)

♦

FÜR 4 PERSONEN
Zubereitungszeit: 25 Min.
Einfrierzeit: mind. 5 Std. oder über Nacht
Pro Portion ca. 275 kcal, 6 g EW, 10 g F, 39 g KH

1 Am Vortag oder 5 Std. vorher die Bananen schälen, in 1/2 cm dicke Scheiben schneiden und über Nacht oder mind. 5 Std. einfrieren. Die Bananenscheiben ca. 15 Min. vor der Zubereitung aus dem Gefrierschrank nehmen und leicht antauen lassen.

2 Die Vanilleschote längs aufschneiden und das Mark herauskratzen. Die Schokolade grob zerbrechen und mit Bananenscheiben, Vanillemark und nach Belieben den Kakaobohnen in den Standmixer oder die Küchenmaschine mit Messereinsatz geben. Alles zu einer glatten, softeisähnlichen Masse pürieren, dabei den Mixer zwischendurch ausschalten und die Masse mit einem Löffel zum Messer hin drücken.

3 Vom Eis mit einem Esslöffel Nocken abstechen und auf vier Dessertteller oder Gläser verteilen. Die restliche Schokolade mit einem scharfen Messer fein schneiden oder abschaben, sodass feine Splitter oder Röllchen entstehen. Das Eis mit der Schokolade und den getrockneten Bananenchips garnieren.

MEIN TIPP

Bananen sind richtige Glücklichmacher! Sie enthalten Serotonin, Noradrenalin und Dopamin. Diese Stoffe regeln im Gehirn – wo sie als Neurotransmitter vorkommen – unseren Schlafrhythmus und die Stimmungslage. Außerdem sind Bananen reich an Magnesium, Vitamin B6 und Folsäure. Letztere wird beim Kochen sehr leicht zerstört, weshalb es wichtig ist, folathaltige Lebensmittel (neben Bananen auch Erdbeeren, Trauben, Honigmelonen, Weizenkeime und Spinat) öfter mal roh zu genießen.

AUS VIELEN GEFRORENEN FRÜCHTEN KANN MAN EIS HERSTELLEN, AM CREMIGSTEN GELINGT ES ALLERDINGS MIT BANANEN. DIESES DESSERT IST SO GESUND, MAN KÖNNTE ES GLATT SCHON ZUM FRÜHSTÜCK ESSEN.

QUINOA-AUFLAUF
---- MIT DATTELN UND KIRSCHEN ----

DAS WUNDERKORN

100 g Quinoa
1 Bio-Zitrone
1 Vanilleschote
4 Medjool-Datteln (80 g)
300 ml Pflanzenmilch* (z. B. Hafer-, Mandel-, Haselnuss- oder Sojamilch)
1 Zimtstange
150 g Kirschen (ersatzweise TK-Kirschen)
150 g pflanzlicher Joghurt* (Sojajoghurt oder selbst gemachter Joghurt, siehe Rezept S. 35)
15 g Speisestärke
20 g fein gehackte Pistazien (ersatzweise Mandeln oder Haselnusskerne)

✦

AUSSERDEM

1 Auflaufform (ca. 25 cm x 17 cm)
neutrales Pflanzenöl für die Form
1 gehäufter EL Grieß (ersatzweise Semmelbrösel)

✦

FÜR 4 PERSONEN
Zubereitungszeit: 20 Min.
Backzeit: 30 Min.
Pro Portion ca. 260 kcal, 8 g EW, 9 g F, 35 g KH

1 Die Quinoa in ein Sieb geben und mit heißem Wasser abbrausen. Die Zitrone heiß abwaschen, trocken tupfen, die Schale abreiben und den Saft von 1/2 Zitrone auspressen. Die Vanilleschote längs aufschneiden und das Mark herauskratzen. Die Datteln entsteinen und in feine Streifen schneiden.

2 Quinoa, Pflanzenmilch, Vanillemark und -schote, Datteln und Zimtstange in einen Topf geben. Alles bei starker Hitze aufkochen und zugedeckt bei ganz schwacher Hitze ca. 10 Min. köcheln. Dabei gelegentlich umrühren. Dann den Topf vom Herd nehmen, Zimtstange und Vanilleschote entfernen.

3 Inzwischen den Backofen auf 170° vorheizen. Die Kirschen waschen, abtropfen lassen und entsteinen.

Den Joghurt mit der Speisestärke glatt rühren und unter die Quinoa heben.

4 Die Auflaufform mit Öl fetten und mit Grieß ausstreuen. Die Quinoa-Joghurt-Masse hineingeben und mit einem Löffel glatt streichen. Die Kirschen gleichmäßig darauf verteilen und leicht in die Masse drücken. Mit den Pistazien bestreuen und den Auflauf im Ofen (Mitte) ca. 30 Min. backen, bis sich die Quinoamasse leicht vom Rand der Form löst. Den Auflauf aus dem Ofen nehmen und ca. 5 Min. abkühlen lassen.

MEIN TIPP

Quinoa liegt voll im Trend, weil die kleinen Körner so gesund sind. Die hohe Nachfrage in den Industrieländern hat allerdings auch ihre Schattenseiten. Das Korn wird immer teurer, nicht nur bei uns in Deutschland, sondern auch in den Anbauländern, wo es seit Jahrtausenden eine hohe Bedeutung als Grundnahrungsmittel hat. Das birgt viele Probleme. Die hier aufzuführen würde den Rahmen sprengen. Im Internet finden Sie aber umfangreiche Informationen dazu. Ich genieße Quinoa selten, aber wenn, dann ganz bewusst und möglichst als Fairtradeprodukt. Und ich greife auch gern zur Goldhirse, die beispielsweise in Brandenburg angebaut und verarbeitet wird und auch ganz wunderbar in dieses Rezept passt.

SÜSS UND GLÜCKLICH

QUINOA IST EINZIGARTIG: ES ENTHÄLT ALLE NEUN ESSENZIELLEN AMINOSÄUREN UND GEDEIHT UNTER EXTREMER WITTERUNG IN DEN ANDEN IN SÜDAMERIKA. SCHON DIE INKA KANNTEN ES ALS ENERGIEQUELLE.

MANGO-PAPAYA-TORTE
----- MIT KOKOS UND HIMBEEREN -----

FRUCHTIGE SOMMER-TORTE

FÜR DEN BODEN
300 g Weizenvollkornmehl (ersatzweise Dinkelvollkornmehl)
2 leicht gehäufte TL Backpulver (ersatzweise Natron; 8 g)
Salz | 1 Vanilleschote
260 ml Pflanzenmilch*
125 g Ahornsirup
125 ml neutrales Pflanzenöl
1 Bio-Zitrone

FÜR FÜLLUNG UND GARNITUR
800 g Kokosmilch* (Kokosnussgehalt mind. 40 %)
1 Vanilleschote
2 TL Agar-Agar*
1/2 TL Guarkernmehl* (Bioladen)
1 Mango (500 g)
1 Papaya (400 g)
Ahornsirup (nach Belieben)
300 g Himbeeren | 100 g Kokosraspel

AUSSERDEM
1 Springform (Ø 26 cm)
Backpapier
Minzeblättchen zum Garnieren (nach Belieben)

FÜR 1 TORTE (14 STÜCKE)
Zubereitungszeit: 50 Min.
Backzeit: 25 – 30 Min.
Kühlzeit: mind. 4 Std. oder über Nacht
Pro Stück ca. 350 kcal, 5 g EW, 24 g F, 26 g KH

1 Den Backofen auf 200° vorheizen. Für den Boden Mehl, Backpulver und 1 Prise Salz vermischen. Die Vanilleschote längs aufschneiden, das Mark herauskratzen und mit Pflanzenmilch, Ahornsirup und Öl vermischen.

2 Die Zitrone heiß abwaschen, trocken tupfen und die Schale mit einem Sparschäler dünn abschälen. Die Zitrone auspressen und den Saft zur Sirup-Milch-Mischung geben. Die Mischung zum Mehl gießen und mit einem Löffel nur so lange rühren, bis ein Teig entstanden ist. Der Teig muss nicht ganz glatt sein, kleine Klümpchen lösen sich beim Backen auf.

3 Eine Springform mit Backpapier auslegen, den Teig hineinfüllen und glatt streichen. Im Ofen (Mitte) 25 – 30 Min. backen, bis an einem hineingesteckten Holzstäbchen kein Teig mehr kleben bleibt. Den Boden aus dem Ofen nehmen und abkühlen lassen.

4 Inzwischen Kokosmilch, ausgekratzte Vanilleschote und Zitronenschale in einen Topf geben. Die zweite Vanilleschote längs aufschneiden, das Mark herauskratzen und mit der Schote ebenfalls zur Kokosmilch geben. Agar-Agar und Guarkernmehl einrühren, die Mischung aufkochen und ca. 5 Min. bei mittlerer Hitze köcheln. Dabei immer wieder umrühren.

5 Die Mango schälen, das Fruchtfleisch vom Kern schneiden und grob würfeln. Die Papaya halbieren, die Kerne herauskratzen und das Fruchtfleisch mit einem Löffel herausheben. Zitronenschale und Vanilleschoten aus der Kokosmilch entfernen, Kokosmilch, Mango und Papaya in einem Rührbecher mit dem Stabmixer fein pürieren. Nach Belieben mit Ahornsirup abschmecken.

6 Die Himbeeren verlesen, waschen und gut abtropfen lassen. Einige schöne Beeren beiseitelegen. Den Tortenboden aus der Form lösen, umdrehen und wieder in die Form setzen. Den Boden mit der Hälfte der Kokosraspel bestreuen und am Rand entlang Himbeeren in ca. 2 cm Abstand setzen. Die restlichen Himbeeren auf dem Tortenboden verteilen. Die Kokos-Frucht-Masse darübergießen und die Torte in mind. 4 Std. oder über Nacht im Kühlschrank fest werden lassen.

7 Kurz vor dem Servieren die Torte mit den restlichen Kokosraspeln bestreuen und mit den übrigen Himbeeren garnieren. Nach Belieben mit Minzeblättchen bestreuen. Die Torte mit einem heiß abgespülten Messer vom Rand der Form lösen und servieren.

EINE GESUNDE TORTE, GEHT DAS? ABER JA! IN MEINE GLÜCKSTORTE KOMMEN VIEL FRUCHT UND AROMATISCHE KOKOSMILCH.

BROMBEERTORTELETTS
----- MIT AVOCADO-JOGHURT-CREME -----

FRUCHTIG-FRISCH

FÜR DEN MÜRBETEIG
160 g Weizenvollkornmehl (ersatzweise Dinkelvollkornmehl)
Salz
1/2 TL Backpulver
1 Vanilleschote (ersatzweise 1 TL Bourbon-Vanillepulver)
80 ml neutrales Pflanzenöl
1 EL Ahornsirup
50 g zimmerwarmes Mandelmus* (ersatzweise Cashewmus)

✦

FÜR DEN BELAG
1 große Avocado (Sorte »Hass«)
1/2 Vanilleschote
2 EL Zitronensaft
2 EL Ahornsirup
120 g pflanzlicher Joghurt* (Sojajoghurt oder selbst gemachter Mandeljoghurt, siehe Rezept S. 35)
250 g Brombeeren (ersatzweise TK-Brombeeren)
3 EL Ahornsirup
1/3 TL Agar-Agar*
1/4 TL Johannisbrotkernmehl*

✦

AUSSERDEM
4 Tortelettförmchen (Ø 10–12 cm)
1 TL neutrales Pflanzenfett für die Förmchen

✦

FÜR 4 TORTELETTS
Zubereitungszeit: 50 Min.
Backzeit: 10 Min.
Kühlzeit: 1 Std.
Pro Stück ca. 625 kcal, 10 g EW, 44 g F, 46 g KH

1 Den Backofen auf 200° vorheizen. Für den Mürbeteig Mehl, 1 Prise Salz und Backpulver mischen. Die Vanilleschote längs aufschneiden und das Mark herauskratzen. Vanillemark, Öl, Ahornsirup und das Mandelmus zur Mehlmischung geben und mit dem Stiel eines Holzkochlöffels so lange mischen, bis sich Klümpchen bilden. 80 ml Wasser hinzugeben und weiterrühren, bis sich große Teigkrümel gebildet haben. Den Teig nicht mit den Händen kneten.

2 Die Förmchen gut einfetten, die Teigkrümel auf die Förmchen verteilen und andrücken. Den Teig mit einer Gabel einstechen und im Ofen (Mitte) in ca. 10 Min. goldbraun backen. Dann herausnehmen, abkühlen lassen und die Böden aus den Förmchen lösen.

3 Inzwischen die Avocado halbieren, entkernen und das Fruchtfleisch mit einem Löffel aus der Schale lösen. Die Vanilleschote längs aufschneiden und das Mark herauskratzen. Avocado mit Vanillemark, Zitronensaft, Ahornsirup und Joghurt sehr fein pürieren und in den Kühlschrank stellen.

4 Die Brombeeren verlesen, waschen und abtropfen lassen. Für den Guss 150 ml Wasser mit Agar-Agar und Johannisbrotkernmehl verrühren. Aufkochen und ca. 2 Min. unter Rühren köcheln. Dann in 5–10 Min. handwarm abkühlen lassen.

5 Die Avocadocreme auf die Böden geben und mit einem Löffel glatt streichen. Die Brombeeren darauf verteilen. Mit dem Guss übergießen und im Kühlschrank in ca. 1 Std. fest werden lassen.

MEIN SUPERFOODSTIPP
Für die leuchtend dunkle Farbe der Brombeeren sind Flavonoide verantwortlich. Das sind Pflanzenfarbstoffe mit vielen positiven Wirkungen auf unsere Gesundheit: Flavonoide können zum Beispiel das Risiko für Herz-Kreislauf-Erkrankungen minimieren und auch den Blutdruck regulieren.

SÜSS UND GLÜCKLICH

SCHOKO-MALHEUR

MIT FLÜSSIGEM KERN

100 g Zartbitterschokolade*
gut 1 1/2 EL zimmerwarmes Mandelmus* (25 g)
1 EL Ahornsirup
80 g Weizenvollkornmehl
1/2 TL Backpulver
1 Vanilleschote
40 ml neutrales Pflanzenöl
125 ml zimmerwarme Pflanzenmilch*
1/2 TL Apfelessig

♦

AUSSERDEM
4 runde Backformen (Ø ca. 10 cm)
1 TL neutrales Pflanzenfett für die Formen
2 EL Ahornsirup
100 g Beeren (z. B. Himbeeren und Brombeeren)

♦

FÜR 4 STÜCK
Zubereitungszeit: 15 Min.
Backzeit: 7–10 Min.
Pro Stück ca. 390 kcal, 7 g EW, 26 g F, 32 g KH

1 Den Backofen auf 200° vorheizen. Die Zartbitterschokolade fein hacken und mit dem Mandelmus über einem heißen Wasserbad schmelzen. Den Ahornsirup unterrühren. Die Backformen mit dem Pflanzenfett gut fetten und in den Kühlschrank stellen.

2 Für den Teig Mehl und Backpulver vermengen. Die Vanilleschote längs aufschneiden und das Mark herauskratzen. Vanillemark, Öl, Pflanzenmilch und Essig vermengen und zur Mehlmischung geben. Die Schokoladen-Mandelmus-Mischung dazugeben und mit einem Rührlöffel zu einem glatten Teig verarbeiten.

3 Den Teig auf die gekühlten Förmchen verteilen und im Ofen (Mitte) 7–10 Min. backen, bis die Küchlein außen fest geworden sind und der Rand sich von den Förmchen löst. Die Küchlein aus dem Ofen nehmen, ca. 5 Min. abkühlen lassen und dann stürzen. Jedes Küchlein mit 1–2 TL Ahornsirup beträufeln. Die Beeren verlesen, waschen und die Küchlein damit garnieren.

MEIN SUPERFOODSTIPP

Dass Schokolade ein wahres Superfood ist, lesen Sie sicher mit Freude. Die gesunden Stoffe, unter anderem Magnesium, Eisen und Kalzium, stecken in den Kakaobohnen, daher bevorzuge ich Sorten mit hohem Kakaoanteil. Kakao liefert auch Flavanole, sekundäre Pflanzenstoffe, die den Blutdruck regulieren können.

SÜSS UND GLÜCKLICH

DAS PASSENDE DESSERT FÜR ALLE SCHOKOHOLICS. DIE KÜCHLEIN SIND SEHR SCHNELL FERTIG UND SCHMECKEN RICHTIG VERBOTEN.

KÜRBIS-PANNA-COTTA
----- MIT WARMEM PREISELBEERKOMPOTT -----

MIT MILDER SÜSSE

FÜR DIE PANNA COTTA
250 g Butternutkürbis (ersatzweise Hokkaidokürbis)
100 g Mandeln
1 Vanilleschote (ersatzweise 1 TL Bourbon-Vanillepulver)
2 EL Ahornsirup
1/2 TL Agar-Agar*
1/3 TL Johannisbrotkernmehl* (ersatzweise Pfeilwurzelstärke*)
1 Bio-Zitrone

FÜR DAS PREISELBEERKOMPOTT
1 Vanilleschote
200 g Preiselbeeren (ersatzweise TK-Preiselbeeren)
3 EL Ahornsirup (60 g)
1/2 TL Johannisbrotkernmehl*
1 TL Zimtpulver

AUSSERDEM
4 Dessertgläser (à ca. 200 ml Inhalt)
1 Stängel Minze (ersatzweise Zitronenmelisse)

FÜR 4 PERSONEN
Zubereitungszeit: 50 Min.
Kühlzeit: ca. 3 Std.
Pro Portion ca. 235 kcal, 6 g EW, 14 g F, 21 g KH

1 Den Kürbis waschen und schälen, Kerne und Fasern entfernen. Das Kürbisfleisch in ca. 2 cm große Würfel schneiden. Die Mandeln mit 300 ml Wasser im Standmixer sehr fein pürieren und durch ein Feinsieb oder Passiertuch abseihen. Die Mandelmilch dabei auffangen.

2 Die Vanilleschote längs aufschneiden und das Mark herauskratzen. Kürbis, Mandelmilch, Vanillemark, -schote und Ahornsirup in einem Topf aufkochen. Zugedeckt in ca. 15 Min. bei schwacher Hitze gar kochen.

3 2 Min. vor Ende der Garzeit die Vanilleschote entfernen, Agar-Agar und Johannisbrotkernmehl einrühren und ca. 2 Min. weiterköcheln. Die Masse im Standmixer sehr fein pürieren (falls der Mixer nicht stark genug ist, zusätzlich durch ein Sieb passieren). Die Zitrone heiß abwaschen, trocken tupfen, die Schale abreiben und unter die Kürbismasse heben.

4 Die Masse in die kalt ausgespülten Gläser füllen. Die Panna cotta in den Gläsern abkühlen lassen und dann 2 – 3 Std. in den Kühlschrank stellen.

5 Für das Kompott ca. 10 Min. vor dem Servieren die Vanilleschote längs aufschneiden und das Mark herauskratzen. Mit den übrigen Zutaten für die Preiselbeeren und 50 ml Wasser in einen Topf geben, gut umrühren, aufkochen und 2 Min. köcheln. Dann vom Herd nehmen.

6 Die Panna cotta auf vier Dessertteller stürzen, das warme Preiselbeerkompott dazugeben. Die Minze waschen und trocken schütteln, die Blätter abzupfen und die Panna cotta damit garnieren.

MEIN SUPERFOODSTIPP
Preiselbeeren sind Vitamin-C-Bomben und haben als Heilmittel eine lange Geschichte. Ihre Tannine wirken entzündungshemmend, antioxidativ und sogar antibiotisch. Die Beeren werden vor allem bei Harnwegsinfekten eingesetzt – therapeutisch und auch vorbeugend.

SÜSS UND GLÜCKLICH

KÜRBIS IST EIN TOLLES GEMÜSE, UND ICH BEREITE IHN SEHR GERN AUCH SÜSS ZU. GEKOCHT UND PÜRIERT, WIRD ER SCHÖN CREMIG UND BILDET SO DIE PERFEKTE GRUNDLAGE FÜR EINE PANNA COTTA, DIE GLÜCKLICH MACHT.

DINKEL-BAKLAVA
---- MIT MANDELN UND PISTAZIEN ----

FÜR DEN FILOTEIG
350 g Dinkelmehl (Type 1050)
Salz | 2 TL neutrales Pflanzenöl

FÜR DIE FÜLLUNG
50 g Mandeln | 50 g Pistazienkerne
1 Vanilleschote
40 g Kokosöl | 60 ml neutrales Pflanzenöl

AUSSERDEM
70 g Agavendicksaft* (ersatzweise Ahornsirup)
1 Springform (Ø 26 cm)
Backpapier | 150 g Speisestärke

FÜR 1 BAKLAVA (48 STÜCKE)
Zubereitungszeit: 1 Std.
Kühlzeit: 1 Std.
Backzeit: 25 Min.
Pro Stück ca. 70 kcal, 1 g EW, 4 g F, 9 g KH

1 Für den Filoteig Mehl und 1/2 TL Salz vermischen. Das Öl und 200 ml warmes Wasser dazugeben, alles mit den Händen in 5 Min. zu einem glatten Teig verkneten. Etwas Mehl auf die Arbeitsfläche geben, den Teig zu einer Rolle formen. In 16 Stücke teilen und Kugeln von ca. 4 cm Ø formen. Die Teigkugeln mit Frischhaltefolie abgedeckt 1 Std. in den Kühlschrank stellen.

2 Inzwischen die Mandeln und Pistazien getrennt voneinander in einer Pfanne ohne Öl rösten, dann abkühlen lassen. Mandeln und Pistazien nacheinander in einer Kaffeemühle oder in der Küchenmaschine fein mahlen. (Oder mit einem Messer sehr fein hacken.) Von den Pistazien ein Drittel abnehmen und beiseitestellen. Die restlichen Pistazien mit den gemahlenen Mandeln mischen. Den Backofen auf 200° vorheizen.

3 Den Agavendicksaft mit 30 ml Wasser zum Sirup vermischen und beiseitestellen. Die Vanilleschote längs aufschneiden, das Mark herauskratzen und mit den Nüssen verrühren. Das Kokosöl erwärmen, sodass es flüssig wird, und mit dem Pflanzenöl vermischen. Die Springform mit 1–2 TL des Ölgemischs fetten.

4 Arbeitsplatte mit wenig Speisestärke bestäuben und eine der Teigkugeln von beiden Seiten in der Speisestärke wenden. Mit dem Handballen zu einem Fladen von ca. 8 cm Ø drücken, nochmals wenden und ggf. noch einmal mit Speisestärke bestäuben. Der Teig darf nicht mehr kleben. Den Fladen sehr dünn auf eine Größe von ca. 26 cm Ø ausrollen. Den Teig mithilfe des Nudelholzes aufrollen und in der Springform entrollen. Die Teigschicht mit ca. 2 TL des Ölgemischs einpinseln. Auf diese Weise 8 der 16 Teigkugeln ausrollen und in die Form schichten. Dabei den Teig nicht festdrücken, sondern locker in die Form legen.

5 Die Mandel-Pistazien-Mischung auf dem Teig verteilen und die restlichen Filoteigkugeln ausrollen und auf die Füllung legen. Die einzelnen Schichten dabei jeweils mit dem Ölgemisch einpinseln.

6 Den Teig mit einem scharfen Messer wie eine Torte in 8 gleich große Stücke teilen. Jedes Stück im Abstand von ca. 2 und ca. 4 cm parallel zu einer Schnittkante einschneiden. Im gleichen Abstand parallel zu der zweiten Schnittkante ebenfalls zwei Mal einschneiden. Auf diese Weise sind die ursprünglichen Tortenstücke in jeweils 6 rautenförmige Stücke geteilt.

7 Den Teig im Ofen (Mitte) 25–30 Min. backen, bis die Schnittränder goldbraun sind. Die Form danach aus dem Ofen nehmen und das Gebäck lauwarm abkühlen lassen. Dann den Sirup darübergießen und ca. 30 Min. ziehen lassen. Die Baklava mit den übrigen Pistazien bestreuen und sofort servieren.

IN DIESEM REZEPT SORGT KOKOSÖL FÜR EINEN TOLLEN GESCHMACK. ES KANN ABER NOCH VIEL MEHR: IM BAD DIENT ES DER PFLEGE VON HAUT UND HAAR.

APFEL-BIRNEN-MUFFINS
----- MIT KOKOSTOPPING -----

SUPER-SAFTIG!

FÜR DAS TOPPING
350 g Kokosmilch* (Kokosnussgehalt mind. 40 %)
1 Vanilleschote
1/3 TL Kurkumapulver | 1 TL Agar-Agar*
1 gehäufter EL Speisestärke (25 g)
3 EL Kokoschips

FÜR DIE MUFFINS
350 g Dinkelmehl (Type 1050)
2 TL Backpulver
2 Msp. frisch geriebene Muskatnuss
Salz | 1 große Bio-Zitrone
200 g Äpfel (z.B. Boskop, Elstar)
150 g feste Birnen
1 Vanilleschote (ersatzweise 1 leicht gehäufter TL Bourbon-Vanillepulver)
200 g Kokosmilch* (Kokosnussgehalt mind. 40 %)
170 g Ahornsirup
140 ml Sprudelwasser

AUSSERDEM
1 Muffinblech mit 12 Mulden (ersatzweise Silikonmuffinförmchen)
12 Papierförmchen
1 Spritzbeutel mit großer Sterntülle

FÜR 12 STÜCK
Zubereitungszeit: 30 Min.
Backzeit: 20 – 22 Min.
Kühlzeit: mind. 2 Std. oder über Nacht
Pro Stück ca. 245 kcal, 4 g EW, 10 g F, 34 g KH

1 Am Vortag oder mind. 2 Std. vorher für das Topping von der Kokosmilch 6 EL abnehmen und beiseitestellen. Die Vanilleschote längs aufschneiden, das Mark herauskratzen und mit der Schote, Kurkumapulver, restlicher Kokosmilch und Agar-Agar verrühren.

2 Die Mischung in einem kleinen Topf zum Kochen bringen und ca. 2 Min. unter Rühren köcheln. Die übrige Kokosmilch mit der Speisestärke verquirlen und in die Kokosmilchmischung rühren. Alles bei ganz schwacher Hitze ca. 2 Min. weiterköcheln, dabei immer wieder umrühren. Die Vanilleschote entfernen, die Creme abkühlen lassen und mind. 2 Std. kühl stellen.

3 Nach 1 1/2 Std. oder am Zubereitungstag den Backofen auf 180° vorheizen. Für die Muffins Mehl, Backpulver, Muskat und 1 Msp. Salz vermischen. Die Zitrone heiß abwaschen, trocken tupfen, die Schale abreiben und den Saft auspressen. Die Schale zur Mehlmischung geben, den Saft in eine Schüssel gießen. Das Obst waschen und mit Schale grob bis zum Kerngehäuse raspeln. Zum Zitronensaft geben und verrühren.

4 Die Vanilleschote längs aufschneiden und das Mark herauskratzen. Die Kokosmilch glatt rühren (ggf. kurz in einem Topf erwärmen, falls sich das feste Kokosmus vom Wasser getrennt hat) und mit Vanillemark und Ahornsirup verrühren. Das Sprudelwasser zur Kokosmilch-Sirup-Mischung und dann alles zur Mehlmischung geben. Das Obst mit dem Zitronensaft ebenfalls dazugeben und alles mit einem Silikonspatel oder Esslöffel unterheben. Nur so lange rühren, bis alle Zutaten feucht sind. (Es dürfen sich noch kleine Klümpchen im Teig befinden, sie lösen sich beim Backen auf.)

5 Die Papierförmchen in die Mulden des Muffinblechs setzen. In jede Mulde ca. 1 gehäuften EL Teig einfüllen. Die Muffins im Ofen (Mitte) 20 – 22 Min. backen, bis an einem hineingesteckten Holzstäbchen kein Teig mehr klebt. Die Ofentür einen Spaltbreit öffnen und die Muffins ca. 10 Min. abkühlen lassen. Danach aus dem Ofen nehmen und ganz auskühlen lassen.

6 Die Kokoschips in einer Pfanne ohne Fett goldbraun rösten und abkühlen lassen. Die Creme in einen Spritzbeutel füllen und auf jeden Muffin einen kleinen Tuff (ca. 1 TL Creme) setzen. Mit den Kokoschips bestreuen.

SÜSS UND GLÜCKLICH

SANDDORN-TRAUBEN- GEWÜRZBÄLLCHEN

1 Vanilleschote (ersatzweise 1 TL Bourbon-Vanillepulver)
1 Bio-Orange
80 ml neutrales Pflanzenöl
200 ml Pflanzenmilch* (z. B. Hafer-, Dinkel- oder Nussmilch)
90 g Ahornsirup (ersatzweise Agavendicksaft*)
100 ml Sanddornsaft + 2 EL extra
300 g Dinkelmehl (Type 1050)
2 TL Spekulatiusgewürz (ersatzweise Ras el Hanout)
2 TL Flohsamenschalen* (ersatzweise Chiasamen* oder 1 EL geschrotete Leinsamen)
2 1/2 TL Backpulver
14 rote Weintrauben (à ca. 10 - 15 g)
2 EL Sojajoghurt* (ersatzweise selbst gemachter Joghurt, siehe Rezept S. 35)
50 g Zartbitterkuvertüre
Zimtpulver (ersatzweise Kokosraspel, nach Belieben)

AUSSERDEM
Backpapier
1 Springform (Ø 26 cm)

FÜR 14 STÜCK
Zubereitungszeit: 40 Min.
Backzeit: 32 Min.
Pro Stück ca. 175 kcal, 3 g EW, 8 g F, 23 g KH

1 Den Backofen auf 180° vorheizen. Die Vanilleschote längs aufschneiden, das Mark herauskratzen. Die Orange heiß abwaschen, trocken tupfen, die Schale abreiben und den Saft auspressen. Vanillemark, Orangensaft und -schale mit Öl, Pflanzenmilch, Ahornsirup und 100 ml Sanddornsaft mischen.

2 Dinkelmehl, Spekulatiusgewürz, Flohsamenschalen und Backpulver vermischen. Die flüssigen Zutaten zu den trockenen geben und mit einem Schneebesen oder Rührlöffel zu einem glatten Teig verrühren. Die Springform mit Backpapier auslegen, den Teig einfüllen und glatt streichen. Den Kuchen im Ofen (Mitte) ca. 12 Min. backen, bis an einem hineingesteckten Holzstäbchen kein Teig mehr kleben bleibt.

3 Die Springform aus dem Ofen nehmen und den Kuchen abkühlen lassen. Die Backofentemperatur auf 200° hochschalten. Die Trauben waschen und trocken tupfen. Den Kuchen in eine Schüssel geben und mit den Händen zerkleinern. Den Joghurt und 2 EL Sanddornsaft dazugeben und mit einem Löffel gut unterarbeiten.

4 Je 1 gehäuften EL von der Masse abnehmen, kurz in den Händen kneten und flach drücken. Je 1 Weintraube in die Mitte legen und den Teig außen herum festdrücken. Dann die Fladen mit den Händen zu gleichmäßigen Bällchen formen. Die Bällchen auf ein mit Backpapier ausgelegtes Backblech setzen und im Ofen (Mitte) ca. 20 Min. backen.

5 Inzwischen die Kuvertüre grob hacken und über einem heißen Wasserbad schmelzen. Die Bällchen nach dem Backen lauwarm abkühlen lassen und die Schokolade gitterartig darauf verteilen. Nach Belieben mit etwas Zimtpulver garnieren und die Sanddorn-Trauben-Gewürzbällchen am besten sofort servieren.

SÜSS UND GLÜCKLICH

IN MEINER NORDDEUTSCHEN HEIMAT ERNTET MAN NACH DEM ERSTEN FROST SANDDORN. DIE LEUCHTEND ORANGEN FRÜCHTE SIND ZWAR EXTREM SAUER, DAFÜR ABER AUCH SEHR VITAMIN-C-REICH.

ZEBRAKONFEKT
----- MIT MACADAMIANÜSSEN -----

6 EL Nusssahne (von Macadamianüssen, siehe Rezept S. 16)
3 EL Chiasamen*
3 leicht gehäufte EL festes Kokosmus (50 g; Bioladen; ersatzweise 2 EL Kokosöl)
1 Vanilleschote
400 g Macadamiapulp (von der Nusssaheherstellung, siehe Rezept S. 16)
5 EL Kokosraspel (30 g)

AUSSERDEM
Backpapier
1 Form (ca. 14 cm x 24 cm)
100 g Zartbitterkuvertüre

FÜR 16 STÜCK
Zubereitungszeit: 50 Min.
Kühlzeit: 1 Std.
Backzeit: 30 Min.
Pro Stück ca. 25 kcal, 3 g EW, 25 g F, 5 g KH

1 Die Nusssahne mit den Chiasamen verrühren und 5–10 Min. quellen lassen. Das Kokosmus in einem Topf bei schwacher Hitze schmelzen, dabei immer wieder umrühren.

2 Die Vanilleschote längs aufschneiden und das Mark herauskratzen. Vanillemark, Nusspulp, Kokosraspel, geschmolzenes Kokosmus und gequollene Chiasamen in einer Schüssel gut vermischen. Die Masse ca. 1 cm hoch in die mit Backpapier ausgelegte Form drücken und ca. 1 Std. in den Kühlschrank stellen.

3 Den Backofen auf 170° vorheizen. Die Masse dreimal längs und dreimal quer einschneiden, sodass 16 Riegel (ca. 3 x 6 cm) entstehen. Die Riegel mit dem Messer vorsichtig auf ein mit Backpapier belegtes Backblech setzen. Die Schnittkanten mit den Fingern etwas andrücken und die Riegel im Ofen (Mitte) ca. 30 Min. backen. Nach ca. 20 Min. einmal wenden.

4 Aus dem Ofen nehmen und die Riegel ca. 10 Min. auf dem Blech abkühlen lassen. Die Kuvertüre fein hacken, schmelzen und die Riegel mit der Kuvertüre in einem Streifenmuster verzieren.

MEINE EXTRATIPPS

Das Konfekt ist in einer nicht luftdicht verschlossenen Box ca. 1 Woche haltbar. Es schmeckt auch roh sehr lecker: Einfach zu Kugeln formen und eine Hälfte in die Schokolade tauchen, fertig!

Chiasamen sind kleine Kraftpakete. Sie enthalten Omega-3- und Omega-6-Fettsäuren in einem nahezu perfekten Verhältnis. Wegen ihrer vielen Ballaststoffe und ihres hohen Eiweißgehalts machen sie lange satt.

HIER KOMMT MEIN LIEBLINGS-»RESTEVERWERTUNGSREZEPT« FÜR DEN ÜBRIGEN PULP DER NUSSMILCH (SIEHE S. 16).

VOLLKORN-SCHOKO-HASELNUSSKUCHEN

FLUFFIG
VOLLKÖRNIG

FÜR DEN TEIG
100 g Haselnusskerne
50 g Zartbitterkuvertüre
50 g Haselnussmus (Bioladen, Reformhaus)
100 g Ahornsirup
50 ml Olivenöl
2 TL Apfelessig (ersatzweise Weißweinessig)
1 Vanilleschote (ersatzweise 1 TL Bourbon-Vanillepulver)
250 g Weizenvollkornmehl (ersatzweise Dinkelvollkornmehl)
2 TL Backpulver
Salz
100 ml Sprudelwasser

FÜR DIE GLASUR
100 g Zartbitterkuvertüre

AUSSERDEM
1 Kastenform (26 cm Länge)
Backpapier

FÜR 1 KUCHEN (14 STÜCKE)
Zubereitungszeit: 30 Min.
Backzeit: 35 Min.
Pro Stück ca. 235 kcal, 4 g EW, 14 g F, 22 g KH

1 Den Backofen auf 180° vorheizen. 14 Haselnüsse beiseitelegen, die restlichen Nüsse in eine Auflaufform oder auf ein Backblech geben und im Ofen (Mitte) ca. 10 Min. rösten, bis die braunen Häutchen aufplatzen. Herausnehmen (Backofen nicht abschalten) und abkühlen lassen.

2 Inzwischen die Zartbitterkuvertüre grob hacken und mit dem Haselnussmus und 250 ml Wasser in einem Topf erhitzen, bis die Kuvertüre geschmolzen ist. Den Topf vom Herd nehmen, Ahornsirup, Olivenöl und Essig einrühren und kurz beiseitestellen. Die Vanilleschote längs aufschneiden und das Mark herauskratzen. Das Vanillemark in die Kuvertüre-Haselnuss-Mischung einrühren.

3 Die abgekühlten Haselnüsse im Blitzhacker oder mit dem Messer grob hacken. 2 TL gehackte Haselnüsse beiseitestellen. Das Mehl mit Backpulver, den restlichen gehackten Haselnüssen und 1 Prise Salz mischen. Die Kuvertüre-Haselnuss-Mischung und das Sprudelwasser dazugeben und mit einem Silikonspatel rasch vermischen, bis alle Zutaten feucht sind. Der Teig darf noch Klümpchen haben, sie lösen sich beim Backen auf.

4 Die Kastenform mit Backpapier auslegen und den Teig hineinfüllen. Den Kuchen im Ofen (2. Schiene von unten) ca. 35 Min. backen, bis an einem hineingesteckten Holzspieß kein Teig mehr kleben bleibt. Nach 5 Min. Backzeit den Kuchen mit einem scharfen Messer längs in der Mitte ca. 1 cm tief einschneiden. Den Kuchen nach dem Ende der Backzeit mit dem Backpapier aus der Form heben und auf einem Kuchengitter abkühlen lassen. Das Backpapier entfernen.

5 Die restliche Kuvertüre fein hacken und über einem heißen Wasserbad schmelzen. Den Kuchen rundherum mit der Kuvertüre bestreichen. Die übrigen ganzen Haselnüsse mittig in gleichmäßigem Abstand auf den Kuchen setzen und die restlichen gehackten Nüsse mittig zwischen die einzelnen Nüsse streuen. Die Kuvertüre fest werden lassen und den Kuchen servieren.

GLOSSAR
---- ZUTATEN DER VEGANEN KÜCHE ----

Agar-Agar: Pflanzliches Geliermittel aus einer Alge, erhältlich als Pulver oder Flocken im Supermarkt, Bioladen oder Reformhaus.

Agavendicksaft oder Agavensirup: Ersetzt Zucker oder Honig als Süßungsmittel und süßt dabei stärker als Honig. Je heller der Sirup, desto neutraler schmeckt er. Im Bioladen oder Reformhaus erhältlich.

Chiasamen: Die Samen der Chiapflanze. Gute Quelle für pflanzliche Omega-3-Fettsäuren, reich an Proteinen und Vitaminen. Quellen stark auf und werden als Verdickungsmittel eingesetzt. Die Samen sind inzwischen häufig im Bioladen zu bekommen, sonst im Internet.

Flohsamenschalen: Die Samenschalen der »Plantaga ovata«, einem Wegerichgewäch. Sie nehmen mehr als das 50-Fache ihres Eigengewichtes an Wasser auf und eignen sich somit als gesundes, ballaststoffreiches Verdickungsmittel. Sie sind im Bioladen und Reformhaus erhältlich.

Guaranapulver: Ein pflanzliches Pulver aus dem Bioladen oder Reformhaus. Wirkt sehr anregend und macht wach, sollte aber vorsichtig dosiert werden.

Guarkernmehl: Pflanzliches Bindemittel, das im Bioladen oder Reformhaus erhältlich ist.

Hanfsamen: Proteinreiche Samen, zum Backen und Bestreuen. Geschält oder ungeschält im Bioladen oder Reformhaus erhältlich.

Hefeflocken: Erhältlich in Bioladen oder Reformhaus. Schmecken dezent »käsig« und werden zum Bestreuen statt Käse und zum Würzen eingesetzt. Nicht zu verwechseln mit Hefeextrakt und Bierhefeflocken.

Joghurt, pflanzlicher: Aus dem Supermarkt oder Bioladen, fast immer auf Sojabasis. Naturjoghurts aus dem Supermarkt sind vorgesüßt und für Herzhaftes ungeeignet. Im Bioladen sind ungesüße Sorten erhältlich. Abgetropft, lässt er sich wie Quark verwenden.

Johannisbrotkernmehl: Pflanzliches Binde- und Verdickungsmittel aus den Früchten des Johannisbrotbau-

mes. Bindet kalte und warme Flüssigkeiten. 1 TL dickt 200 ml Wasser, Säfte oder Saucen ein. Siehe auch ► Guarkernmehl, ► Pfeilwurzelmehl.

Kala Namak: Auch Schwarzsalz oder indisches Salz. Riecht und schmeckt schwefelig und kann dadurch geschmacklich Eier ersetzen. In Feinkostgeschäften, gut sortierten Asienläden oder online erhältlich.

Kokosmilch: Erhältlich im Bio- oder Asienladen. Oft unter Zugabe von Verdickungsmitteln wie Guarkernmehl hergestellt. Diese Sorten lassen sich nicht gut aufschlagen, da sie auch beim Kühlen relativ homogen bleiben. Achten Sie daher auf Sorten ohne Zusätze, die nur Kokosnuss (mind. 40 %) und Wasser enthalten.

Kokoswasser: Erfrischende, klare Flüssigkeit aus dem Inneren der jungen, grünen Kokosnuss. Es gibt sie entweder direkt aus der Nuss (Asienladen oder Internet) oder im Tetrapak (Bioladen).

Mandelmus: Aus geschälten oder ungeschälten gemahlenen Mandeln (weiß oder braun) im Bioladen erhältlich. Es schmeckt pur als Brotaufstrich, mit Wasser verdünnt wird es zur sahnigen Sauce und mit Eiswürfeln püriert zum Mandeleis.

Naturtofu ▶ Tofu

Nussmus: Muse aus Cashew-, Erd- und Haselnüssen sowie Mandeln gibt es im Bioladen pur, gesüßt oder gesalzen. Fürs Kochen und Backen sind ungesüßte, ungesalzene Sorten am besten. Siehe auch ▶ Mandelmus.

Pfeilwurzelstärke: Stärkehaltiges und säurestabiles Binde- und Verdickungsmittel aus den Wurzeln der Arrowrootpflanze. Auf 250 ml Flüssigkeit 2 – 3 TL Pfeilwurzelstärke in wenig kaltem Wasser auflösen, unterrühren und alles kurz aufkochen lassen. Siehe auch ▶ Guarkernmehl, ▶ Johannisbrotkernmehl.

Pflanzenmilch: Milchartige Flüssigkeit aus Soja, Reis, Kokos, Hafer, Dinkel, Mandeln, Haselnüssen oder Quinoa. Zum Backen wegen der Triebkraft am besten Sojamilch verwenden. Im Supermarkt, Bioladen und Reformhaus meistens erhältlich. Alternative: Nuss- oder Mandelmilch selbst herstellen (siehe Rezept S. 16).

Pflanzensahne: Soja-, Hafer-, Mandel- und Dinkelsahne zum Kochen gibt es im Supermarkt, Bioladen und Reformhaus; diese Kochsahne lässt sich nicht luftig aufschlagen. Im Bioladen oder Internet (seltener im Supermarkt) werden aber auch aufschlagbare Pflanzensahnesorten angeboten. Bei manchen wird zusätzlich Sahnefestiger benötigt (siehe Packungsaufschrift), es sei denn, es ist (wie häufig in diesem Buch) im Rezept bereits ein Bindemittel wie Speisestärke oder Agar-Agar angegeben.

Räuchertofu ▶ Tofu

Rauchsalz: Auch »Hickorysalz« oder »Smoked Salt«, erhältlich in Feinkostgeschäften, gut sortierten Bioläden oder im Online-Handel. Verleiht Gerichten einen rauchigen, deftigen Geschmack.

Schokolade: Dunkle Schokolade ab 55 % Kakaoanteil ist meist frei von tierischen Zutaten. Helle oder weiße rein pflanzliche Schokolade wird oft mit Reismilch hergestellt und ist nur in einigen Biosupermärkten oder veganen Onlineshops erhältlich.

Seidentofu: Auch »Silken Tofu«. Sehr weicher, fast geschmacksneutraler Tofu mit hohem Feuchtigkeitsgehalt. Muss für Cremes und Süßspeisen glatt püriert werden. Erhältlich im Bio- oder Asienladen.

Shoyusauce: Mittelkräftige Würzsauce aus Sojabohnen und Getreide aus dem Bio- oder Asienladen. Im Gegensatz zu ▶ Tamarisauce und ▶ Sojasauce nicht glutenfrei.

Sojajoghurt ▶ Joghurt, pflanzlicher

Sojasauce: Fermentierte Würzsauce aus Sojabohnen, Wasser, Salz und ggf. Getreide aus dem Bio- oder Asienladen. Traditionell fermentierte Saucen ohne Zusatzstoffe haben eine höhere Qualität und müssen mehrere Monate reifen.

Tamarisauce: Würzsauce aus Sojabohnen, Wasser und Salz, geschmacklich kräftiger als ▶ Shoyu- und ▶ Sojasauce; aus dem Bio- oder Asienladen; glutenfrei.

Tapioka: Im Asienladen erhältliche Tapiokaperlen in unterschiedlichen Größen, die wie Sago eingesetzt werden können.

Teffmehl: Aus einer Hirseart gewonnenes, glutenfreies Mehl mit hohem Protein- und Eisengehalt sowie nussigem Geschmack; im Bioladen erhältlich.

Tempeh: Produkt aus gekochten, fermentierten Sojabohnen, das meist gebraten wird. Erhältlich im Bio- oder Asienladen.

Tofu: Wird aus Sojamilch hergestellt, die man gerinnen lässt und entwässert. Je nach Restfeuchtigkeit unterscheidet man weich-cremigen ▶ Seidentofu und zu festen Blöcken gepressten Naturtofu. Räuchertofu schmeckt herzhaft, Naturtofu ist fast geschmacksneutral. Tofu ist ein wichtiger Eiweißspender.

Zartbitterschokolade ▶ Schokolade

REGISTER

A

Ananas-Shake mit Zitronengras 27
Äpfel
 Apfel-Birnen-Muffins mit Kokostopping 178
 Apfelsüße (Grundrezept) 18
Auberginen
 Auberginen-Pastinaken-Aufstrich 48
 Bohnencremesuppe mit Amarant-Knusperpops 76
 Kartoffel-Sellerie-Stampf mit lauwarmer Auberginen-Paprika-Stippe 124
 Scharfe Tempehwürstchen mit Apfel-Curry-Ketchup 66
 Süßkartoffel-Pancakes mit Äpfeln 36
 Wirsingrolle mit Tomaten-Tahin-Sauce 120
Auflauf: Quinoa-Auflauf mit Datteln und Kirschen 166
Avocado
 Brombeertorteletts mit Avocado-Joghurt-Creme 170
 Bunte Gemüsepfanne mit Guacamole und Mango-Chili-Salsa 100
 Gurken-Avocado-Salat mit Reisnudeln und Meeresspaghetti 72
 Sauerkrautsandwich mit Avocadocreme 74

B

Baklava: Dinkel-Baklava mit Mandeln und Pistazien 176
Bananen
 Bananen-Dattel-Pudding 34
 Bananeneis mit Schokosplittern 164
 Hellwach! Frühstückssmoothie 25
Birnen
 Apfel-Birnen-Muffins mit Kokostopping 178
 Chicoréesalat mit Birnen und Physalis 70
 Ironista-Smoothie 24
Blaubeer-Shake mit Sanddorn 26
Blumenkohl
 Blumenkohl (Infos) 13
 Blumenkohlsüppchen mit Rotkohl-Argan-Salat 78
 Gebackener Blumenkohl mit Chili-Mandel-Mayonnaise 118
Bohnen
 Bohnen-Süßkartoffel-Burger mit Tomatensalsa 104
 Bohnencremesuppe mit Amaranth-Knusperpops 76
 Bunte Gemüsepfanne mit Guacamole und Mango-Chili-Salsa 100
 Prinzessbohnensalat mit Süßkartoffelmayonnaise 56
 Super-Bean-Burritos mit extra viel Gemüse 84
Brokkoli: Tomaten-Grapefruit-Salat mit Chili-Brokkoli und Brotchips 62

Brombeertorteletts mit Avocado-Joghurt-Creme 170
Brötchenkranz, Vollkorn- 42
Brottrunk *(Infos) 15*
 Fermentierte Cashewcreme 46
 Cashewfrischkäse 47
 Mandeljoghurt mit Trauben
Bunte Gemüsepfanne mit Guacamole und Mango-Chili-Salsa 100
Burger: Bohnen-Süßkartoffel-Burger 104
Burritos: Super-Bean-Burritos mit extra viel Gemüse 84

C

Cashewcreme, fermentierte 46
Cashewfrischkäse 47
Champignons: Gefüllte Champignons mit Möhren-Carpaccio 116
Chicoréesalat mit Birnen und Physalis 70
Chilis (Infos) 13
Chimichurri
 Chimichurri-Dip 60
 Sandwich mit Hummus und Chimichurri 58

D

Datteln
 Bananen-Dattel-Pudding 34
 Dattelpaste Grundrezept 19
 Quinoa-Auflauf mit Datteln und Kirschen 166

REGISTER 188

Dinkel-Baklava mit Mandeln und Pistazien 176

Doppelt gebackene Kartoffeln mit Kohlrabi-Carpaccio 112

Dressing

Grünkohl-Sesam-Bällchen mit buntem Chili-Ingwer-Dressing 68

Hirsesalat mit Kürbis und Limettendressing 64

Lieblingsdressing 52

Miso-Orangen-Dressing 53

E/F

Erbsen: Spargel-Erbsen-Salat auf Möhrencreme 54

Erdbeer-Chia-Müsli im Glas 33

Erdnuss-Energieriegel 38

Fenchel: Gebackene Süßkartoffeln mit Macadamia-Crumble und Balsamico-Fenchel 96

Fermentieren (Infos) 14

Fermentierte Cashewcreme 46

Fermentierter Wirsing »Kimchi Style« 132

Frozen Yogurt mit Basilikum-Ingwer-Topping 156

Frühstücksreis mit Kokos 31

G

Gebackene Süßkartoffeln mit Macadamia-Crumble und Balsamico-Fenchel 96

Gebackener Blumenkohl mit Chili-Mandel-Mayonnaise 118

Gedämpfter Rhabarber mit Erdbeer-Vanille-Eis 158

Gefüllte Champignons mit Möhren-Carpaccio 116

Gefüllte Tempeh-Kräuter-Zucchini 102

Gefüllte Tomaten mit Petersilien-Paprika-Hirse 108

Gefüllter Kürbis mit Joghurt-Sesam-Sauce 128

Gegrillte Rote-Bete-Birnen-Päckchen mit Mais 122

Gemüsepfanne: Bunte Gemüsepfanne mit Guacamole und Mango-Chili-Salsa 100

Gewürzbällchen: Sanddorn-Trauben-Gewürzbällchen 180

Gläser sterilisieren (Tipp) 44

Gratinierter Sellerie mit Preiselbeer-Zwiebel-Confit 148

Gratiniertes Ofengemüse 138

Grünkohl-Sesam-Bällchen mit buntem Chili-Ingwer-Dressing 68

Guacamole: Bunte Gemüsepfanne mit Guacamole und Mango-Chili-Salsa 100

Gurken-Avocado-Salat mit Reisnudeln und Meeresspaghetti 72

H/I/J

Haselnusskuchen: Vollkorn-Schoko-Haselnusskuchen 184

Hellwach! Frühstückssmoothie 25

Hummus: Sandwich mit Hummus und Chimichurri 58

Ironista-Smoothie 24

Joghurt (Infos) 15

K

Kartoffeln

Doppelt gebackene Kartoffeln mit Kohlrabi-Carpaccio 112

Gegrillte Rote-Bete-Birnen-Päckchen mit Mais 122

Gratiniertes Ofengemüse 138

Kartoffel-Sellerie-Stampf mit lauwarmer Auberginen-Paprika-Stippe 124

Kartoffelgulasch mit Pastinaken 146

Sahniges Pilzragout mit Mangold und Kartoffeln 144

Shepherd's Pie mit Tofu 134

Kohlrabi

Doppelt gebackene Kartoffeln mit Kohlrabi-Carpaccio 112

Kohlrabi-Möhren-Puffer mit Radieschensalat 94

Kokos-Cashew-Quark 28

Kokos-Tapioka-Schichtdessert 154

Kombucha (Infos) 15

Kräuterpfannkuchen mit Mairübchen und Zuckerschoten 90

Kürbis

Gefüllter Kürbis mit Joghurt-Sesam-Sauce 128

Hirsesalat mit Kürbis und Limettendressing 64

Kürbis-Panna-cotta mit warmem Preiselbeerkompott 174

Kürbisgnocchi mit Haselnuss-Romanesco und Chili 130

L

Lasagne: Mangold-Lauch-Lasagne mit Roter Bete 126

Lauch

(Infos) 13

Mangold-Lauch-Lasagne mit Roter Bete 126

Rotkohl-Strudeltaschen mit sahnigem Lauch 140

Lieblingsdressing 52

Linsen: Wintergemüsetopf mit gelben Linsen und Topinambur 142

M/N

Mairübchen: Kräuterpfannkuchen mit Mairübchen und Zuckerschoten 90

Mais: Gegrillte Rote-Bete-Birnen-Päckchen mit Mais 122

Mandeljoghurt mit Trauben und Nüssen 35

Mango

Bunte Gemüsepfanne mit Guacamole und Mango-Chili-Salsa 100

189 REGISTER

Mango-Papaya-Torte mit Kokos und Himbeeren 168

Mangold
Mangold-Lauch-Lasagne mit Roter Bete 126
Sahniges Pilzragout mit Mangold und Kartoffeln 144

Meeresspaghetti: Gurken-Avocado-Salat mit Reisnudeln und Meeresspaghetti 72

Mie-Nudeln mit Wokgemüse 110

Misopaste
(Infos) 14
Miso-Orangen-Dressing 53
Scharfe Miso-Nudelsuppe mit Pilzen 82

Möhren
Gefüllte Champignons mit Möhren-Carpaccio 116
Kohlrabi-Möhren-Puffer mit Radieschensalat 94
Spargel-Erbsen-Salat auf Möhrencreme 54
Wintergemüsetopf mit gelben Linsen und Topinambur 142

Muffins: Apfel-Birnen-Muffins mit Kokostopping 178
Müsli: Erdbeer-Chia-Müsli im Glas 33
Nusssahne (Grundrezept) 16

Ofengemüse: Gratiniertes Ofengemüse 138

Pak Choi
Reisküchlein auf Pak Choi 92
Selleriebrühe mit Pak Choi 80

Paprika
Bunte Gemüsepfanne mit Guacamole und Mango-Chili-Salsa 100
Chimichurri-Dip 60
Gefüllte Tomaten mit Petersilien-Paprika-Hirse 108

Hirsesalat mit Kürbis und Limettendressing 64
Kartoffel-Sellerie-Stampf mit Auberginen-Paprika-Stippe 124
Kartoffelgulasch mit Pastinaken 146
Mie-Nudeln mit Wokgemüse 110
Sandwich mit Hummus und Chimichurri 58

Pastinaken
Auberginen-Pastinaken-Aufstrich 48
Kartoffelgulasch mit Pastinaken 146
Wintergemüsetopf mit gelben Linsen und Topinambur 142

Pilze
Gefüllte Champignons mit Möhren-Carpaccio 116
Gefüllter Kürbis mit Joghurt-Sesam-Sauce 128
Mie-Nudeln mit Wokgemüse 110
Sahniges Pilzragout mit Mangold und Kartoffeln 144
Scharfe Miso-Nudelsuppe mit Pilzen 82
Super-Bean-Burritos mit extra viel Gemüse 84
Tahintürmchen mit marinierten Pilzen 114
Tomatenessenz mit Shiitakepäckchen 98

Pizza: Teff-Minipizzen mit Petersilienwurzel und Postelein 150
Polenta: Rosenkohl-Polenta-Spieße 136

Preiselbeeren
Kürbis-Panna-cotta mit warmem Preiselbeerkompott 174
Gratinierter Sellerie mit Preiselbeer-Zwiebel-Confit 148

Prinzessbohnensalat mit Süßkartoffelmayonnaise 56

Pudding: Bananen-Dattel-Pudding 34

Quinoa-Auflauf mit Datteln und Kirschen 166
Radieschen: Kohlrabi-Möhren-Puffer mit Radieschensalat 94
Reisküchlein auf Pak Choi 92
Rhabarber: Gedämpfter Rhabarber mit Erdbeer-Vanille-Eis 158
Romanesco: Kürbisgnocchi mit Haselnuss-Romanesco und Chili 130
Rosenkohl-Polenta-Spieße 136

Rote Bete
Gegrillte Rote-Bete-Birnen-Päckchen mit Mais 122
Mangold-Lauch-Lasagne mit Roter Bete 126

Rotkohl
Blumenkohlsüppchen mit Rotkohl-Argan-Salat 78
Rotkohl-Strudeltaschen mit sahnigem Lauch 140

Rucola
(Infos) 12
Ironista-Smoothie 24

------- S -------

Sahniges Pilzragout mit Mangold und Kartoffeln 144

Sanddorn
Blaubeer-Shake mit Sanddorn 26
Sanddorn-Trauben-Gewürzbällchen 180
Sandwich mit Hummus und Chimichurri 58

Sauerkraut
(Infos) 15
Sauerkrautsandwich mit Avocadocreme 74
Scharfe Miso-Nudelsuppe mit Pilzen 82

REGISTER 190

Scharfe Tempehwürstchen mit Apfel-Curry-Ketchup 66
Schokolade (Infos) 13, 187
Schoko-Malheur 172

Sellerie
Gratinierter Sellerie mit Preiselbeer-Zwiebel-Confit 148
Kartoffel-Sellerie-Stampf mit Auberginen-Paprika-Stippe 124
Prinzessbohnensalat mit Süßkartoffelmayonnaise 56
Selleriebrühe mit Pak Choi 80
Shepherd's Pie mit Tofu 134
Smoothiebowl mit Kiwi und Knuspertopping 30
Sonntags-Waffelturm 40
Spargel-Erbsen-Salat auf Möhrencreme 54

Spinat
Gratiniertes Ofengemüse 138
Hellwach! Frühstückssmoothie 25
Tomatenessenz mit Shiitakepäckchen 98

Steckrüben: Wintergemüsetopf mit gelben Linsen und Topinambur 142
Strudeltaschen: Rotkohl-Strudeltaschen mit sahnigem Lauch 140
Super-Bean-Burritos mit Gemüse 84

Süßkartoffeln
Bohnen-Süßkartoffel-Burger 104
Gebackene Süßkartoffeln mit Macadamia-Crumble und Balsamico-Fenchel 96
Prinzessbohnensalat mit Süßkartoffelmayonnaise 56
Süßkartoffel-Pancakes mit Äpfeln 36

--------------- T ---------------

Tahintürmchen mit marinierten Pilzen 114
Teff-Minipizzen mit Petersilienwurzel und Postelein 150

Tempeh
(Infos) 14
Gefüllte Tempeh-Kräuter-Zucchini 102
Gefüllter Kürbis mit Joghurt-Sesam-Sauce 128
Rosenkohl-Polenta-Spieße 136
Scharfe Tempehwürstchen mit Apfel-Curry-Ketchup 66

Tofu
(Infos) 187
Gefüllter Kürbis mit Joghurt-Sesam-Sauce 128
Prinzessbohnensalat mit Süßkartoffelmayonnaise 56
Rosenkohl-Polenta-Spieße 136
Sauerkrautsandwich mit Avocadocreme 74
Shepherd's Pie mit Tofu 134

Tomaten
Bohnen-Süßkartoffel-Burger mit Tomatensalsa 104
Bunte Gemüsepfanne mit Guacamole und Mango-Chili-Salsa 100
Gefüllte Tomaten mit Petersilien-Paprika-Hirse 108
Gefüllter Kürbis mit Joghurt-Sesam-Sauce 128
Shepherd's Pie mit Tofu 134
Tomaten-Grapefruit-Salat mit Chili-Brokkoli und Brotchips 62
Tomatenessenz mit Shiitakepäckchen 98
Wintergemüsetopf mit gelben Linsen und Topinambur 142
Wirsingrolle mit Tomaten-Tahin-Sauce 120

Topinambur: Wintergemüsetopf mit gelben Linsen und Topinambur 142
Tortillas, Vollkorn-, homemade 86
Trink-Schoko-Lollis in zwei Sorten 162

--------------- V ---------------

Vanille-Frucht-Aufstrich ohne Kochen 44
Very Berry Overnight Oats 32
Vollkorn-Brötchenkranz 42
Vollkorn-Schoko-Haselnusskuchen 184
Vollkorntortillas homemade 86

--------------- W ---------------

Waffeln: Sonntags-Waffelturm 40
Wintergemüsetopf mit gelben Linsen und Topinambur 142

Wirsing
Fermentierter Wirsing »Kimchi Style« 132
Wirsingrolle mit Tomaten-Tahin-Sauce 120

Wokgemüse: Mie-Nudeln mit Wokgemüse 110

--------------- Z ---------------

Zebrakonfekt mit Macadamianüssen 182

Zucchini
Bunte Gemüsepfanne mit Guacamole und Mango-Chili-Salsa 100
Gefüllte Tempeh-Kräuter-Zucchini 102
Sandwich mit Hummus und Chimichurri 58
Zucchinisalat mit Walnüssen 61
Zucchinitarte mit Kräutern 106

Zuckerschoten
Kräuterpfannkuchen mit Mairübchen und Zuckerschoten 90
Reisküchlein auf Pak Choi 92

IMPRESSUM

DIE AUTORIN
Nicole Just ist Wahl-Berlinerin und passionierte Köchin. Seit Anfang 2009 lebt die Enkelin eines Metzgers vegan und berichtet seit 2010 auf ihrem Blog vegan-sein.de über ihr Leben als Veganerin. Seit 2012 ist sie Mitinhaberin des veganen Dinnerclubs Mund|Art|Berlin. Außerdem gibt sie Koch- und Backkurse, um Interessierten den Spaß am veganen Kochen zu vermitteln.

DER FOTOGRAF
René Riis, Neu-Berliner aus Kopenhagen, arbeitet seit über zehn Jahren selbstständig. Über 20 Koch- und Weinbücher, einige davon preisgekrönt und in Zusammenarbeit mit weltweit erfolgreichen Spitzenköchen entstanden, zählen zu seinem Portfolio. Er arbeitet regelmäßig für erfolgreiche Food-Magazine wie BEEF!, FOUR-Magazine, essen & trinken, GASTRO (Dänemark) oder Gourmet Traveller (Australien). Die Fotos für dieses Buch entstanden in Zusammenarbeit mit **Max Faber** (Foodstyling).

Syndication:
www.jalag-syndication.de
Konzept: Alessandra Redies und Melanie Haizmann
Projektleitung: Verena Kordick
Lektorat: Gerti Köhn
Korrektorat: Karin Leonhart
Satz: L42 Media Solutions Ltd., Loredana Leins
Innenlayout, Typografie und Umschlaggestaltung: independent Medien-Design, Horst Moser, München
Illustrationen: Julia Hollweck
Herstellung: Susanne Mühldorfer
Repro: Longo AG, Bozen
Druck: aprinta, Wemding
Bindung: m.appl, Wemding

Gedruckt auf Galaxi Supermat, exklusiv bei der Papier Union.

ISBN 978-3-8338-4468-3 – 1. Auflage 2015

© 2015 **GRÄFE UND UNZER VERLAG GmbH**, München
Alle Rechte vorbehalten. Nachdruck, auch auszugsweise, sowie die Verbreitung durch Bild, Funk, Fernsehen und Internet, durch fotomechanische Wiedergabe, Tonträger und Datenverarbeitungssysteme jeder Art nur mit schriftlicher Genehmigung des Verlages.

Umwelthinweis: Dieses Buch ist auf PEFC-zertifiziertem Papier aus nachhaltiger Waldwirtschaft gedruckt.

Liebe Leserin, lieber Leser,
haben wir Ihre Erwartungen erfüllt? Sind Sie mit diesem Buch zufrieden? Haben Sie weitere Fragen zu diesem Thema? Wir freuen uns auf Ihre Rückmeldung, auf Lob, Kritik und Anregungen, damit wir für Sie immer besser werden können.

GRÄFE UND UNZER Verlag
Leserservice
Postfach 86 03 13
81630 München
E-Mail:
leserservice@graefe-und-unzer.de

Telefon: 00800 / 72 37 33 33*
Telefax: 00800 / 50 12 05 44*
Mo–Do: 8.00–18.00 Uhr
Fr: 8.00–16.00 Uhr
(* gebührenfrei in D, A, CH)

Ihr GRÄFE UND UNZER Verlag
Der erste Ratgeberverlag – seit 1722.

Backofenhinweis:
Die Backzeiten können je nach Herd variieren. Die Temperaturangaben in diesem Buch beziehen sich auf das Backen im Elektroherd mit Ober- und Unterhitze und können bei Gasherden oder Backen mit Umluft abweichen. Details entnehmen Sie bitte der Gebrauchsanweisung für Ihren Herd.

Die **GU**-Homepage finden Sie unter **www.gu.de**.